JN044064

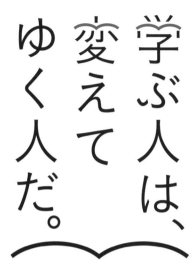

学ぶ人は、
変えて
ゆく人だ。

目の前にある問題はもちろん、

人生の問いや、

社会の課題を自ら見つけ、

挑み続けるために、人は学ぶ。

「学び」で、

少しずつ世界は変えてゆける。

いつでも、どこでも、誰でも、

学ぶことができる世の中へ。

旺文社

中学生のための

文部科学省後援

英検®3級

合格レッスン

［改訂版］

旺文社

もくじ

執筆・監修：入江 泉
編集協力：染谷有美，株式会社シー・レップス，清水洋子，Jason A. Chau
イラスト：大野文彰，有限会社アート・ワーク
装丁デザイン：林 慎一郎（及川真咲デザイン事務所）　本文デザイン：伊藤幸恵
組版：日新印刷株式会社　　録音：ユニバ合同会社　　ナレーション：大武芙由美，Julia Yermakov，Jack Merluzzi

本書の使い方

本書は以下のような構成になっています。

合格レッスン

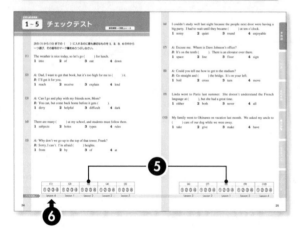

「合格レッスン」は，解説と確認問題「やってみよう！」のセットになっています。まずは3級の重要ポイントを確認してから確認問題で，学んだことをしっかり定着させましょう。

❶ 音声マーク

❷ 重要ポイント

この青い囲み内にまとめてある例文や語句（リスニング放送文は点線の青い囲み）は音声にも収録されています。

❸ やってみよう！

直前のレッスンで学んだことの理解確認ができる練習問題です。

❹ マーク欄

「やってみよう！」はマーク欄を使って解答しましょう。

チェックテスト

「チェックテスト」では，ここまでのレッスンで学習した内容の理解度が確認できます。各問題に「見直しレッスン」を記載しているので，できなかった問題は戻って復習しましょう。

❺ マーク欄

「チェックテスト」はマーク欄を使って解答しましょう。

❻ 見直しレッスン

間違えた問題は，こちらにあるレッスンに戻って確認をしましょう。

そっくり模試

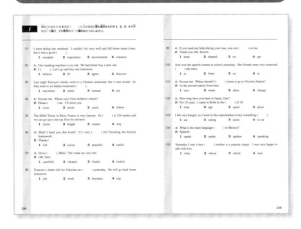

巻末には，模試が1回分収録されています。問題形式や問題数を実際の英検に似せているので，時間を計ってチャレンジしてみましょう。巻末の解答用紙やWeb上で自動採点できる採点・見直しアプリ「学びの友」を使って解答できます。

本書に収録されている英検の問題は「従来型」のものです。なお，従来型とその他の方式は問題形式・内容は全く変わりません。実施方式が変わるだけです。

その他

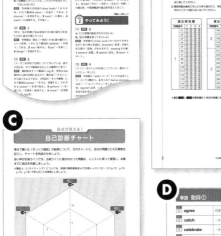

Ⓐ 解答解説

各レッスンの「やってみよう！」や「チェックテスト」，「そっくり模試」の解答解説は別冊にまとめてあります。

Ⓑ 解答用紙

「そっくり模試」用としてお使いください。

Ⓒ 弱点が見える！自己診断チャート

「そっくり模試」の自己採点が終わったら，弱点を把握するために活用しましょう。

Ⓓ 直前対策BOOK

直前に確認したい単語や表現をまとめてあります。切り離して試験会場に携帯しましょう。

音声について

付属音声の収録内容

本書の音声に対応した箇所は，本文では （♪ 01） のように示してあります。収録内容とトラック番号は以下の通りです。

トラック	収録内容
01 ～ 05	合格レッスン 1 ～ 5
06 ～ 10	合格レッスン 6 ～ 10
11 ～ 14	合格レッスン 11 ～ 14
15 ～ 16	合格レッスン 15 ～ 16
17 ～ 28	合格レッスン 24 ～ 29
29 ～ 31	合格レッスン 24 ～ 29　チェックテスト
32 ～ 35	合格レッスン 30　面接試験対策
36 ～ 46	そっくり模試　リスニング 第 1 部
47 ～ 57	そっくり模試　リスニング 第 2 部
58 ～ 68	そっくり模試　リスニング 第 3 部

※以下のサービスは，予告なく終了することがあります。

1 公式アプリ「英語の友」（iOS／Android）でお手軽再生

ご利用方法

❶ 「英語の友」公式サイトより，アプリをインストール

https://eigonotomo.com/ 🔍 英語の友

（右の二次元コードから読み込めます）

❷ アプリ内のライブラリより「中学生のための英検3級合格レッスン［改訂版］」を選び，「追加」ボタンを押してください

> ✖ 「英語の友」スピーキング機能について
> スピーキング機能を利用すると，本書に収録している面接試験対策の解答例のテキストを読み上げることで発音判定することができます。

※本アプリの機能の一部は有料ですが，本書の音声・スピーキング機能は無料でご利用いただけます。
※詳しいご利用方法は「英語の友」公式サイト，あるいはアプリ内ヘルプをご参照ください。

---

2 パソコンで音声データをダウンロード（MP3）

ご利用方法

❶ Web特典にアクセス。アクセス方法は p.8 をご覧ください

❷ 「音声データダウンロード」から聞きたい音声を選択してダウンロード

※音声ファイルは，zip形式でダウンロードされるので，必ず展開してご利用ください。
※音声の再生には MP3 を再生できる機器などが必要です。ご使用機器，音声再生ソフト等に関する技術的なご質問は，ハードウェアメーカーもしくはソフトウェアメーカーにお願いいたします。

---

3 スマートフォン・タブレットでストリーミング再生
➡ 「そっくり模試」にのみ対応

ご利用方法

❶ 「学びの友」公式サイトにアクセス。詳細は，p.9 をご覧ください

（右の二次元コードから読み込めます）

❷ マークシートを開き，リスニングテストの問題番号の横にある音声再生ボタンを押す

※「学びの友」公式サイトでは「そっくり模試」リスニングテストの音声のみお聞きいただけます。
※一度再生ボタンを押したら，最後の問題まで自動的に進みます。
※音声再生中に音声を止めたい場合は，停止ボタンを押してください。
※問題を1問ずつ再生したい場合は，問題番号を選んでから再生ボタンを押してください。
※音声の再生には多くの通信量が必要となりますので，Wi-Fi環境でのご利用をおすすめいたします。

Web特典について

アクセス方法

スマートフォン タブレット 	右の二次元コードを読み込んでアクセスしてください。
PC スマートフォン タブレット　共通 	❶ 以下の URL にアクセスします。 **https://eiken.obunsha.co.jp/gokakulesson/** ❷ [改訂版] の「3 級」を選択し，以下の利用コードを入力します。 **qkbepd** ※全て半角アルファベット小文字

※本サービスは予告なく，変更，終了することがあります。

特典内容

本書では以下の Web 特典をご利用いただくことができます。

 ➡ 詳しくは p.9

「そっくり模試」はオンラインマークシートで自動採点できる採点・見直しアプリ「学びの友」に対応しています。

 ➡ 詳しくは p.7

本書に付属の音声をダウンロードすることができます。

自動採点サービスについて

本書収録の「そっくり模試」(p.107) を，採点・見直し学習アプリ「学びの友」でカンタンに自動採点することができます。

- ☐ 便利な自動採点機能で学習結果がすぐにわかる
- ☐ 学習履歴から間違えた問題を抽出して解き直しができる
- ☐ 学習記録カレンダーで自分のがんばりを可視化

ご利用方法

① 「学びの友」公式サイトにアクセスします。

https://manatomo.obunsha.co.jp/ 　🔍 学びの友

（右の二次元コードからもアクセスできます）

② アプリを起動後，「旺文社まなび ID」に会員登録します。
会員登録は無料です。

③ アプリ内の「書籍を追加する」をタップして，ライブラリより本書を選び，「追加」ボタンを押します。

※iOS／Android 端末，Web ブラウザよりご利用いただけます。
※アプリの動作環境については，「学びの友」公式サイトをご参照ください。なお，本アプリは無料でご利用いただけます。
※詳しいご利用方法は「学びの友」公式サイト，あるいはアプリ内ヘルプをご参照ください。
※本サービスは予告なく，変更，終了することがあります。

英検3級の出題形式

1　短文の語句空所補充
目標時間 ⏱ 10分　　15問

短文または会話文の（　　）に最も適切な語句を，4つの選択肢から選ぶ問題です。単語（名詞，動詞，形容詞，副詞など），熟語，文法に関する問題が出題されます。傾向としては，15問中約8割が単語と熟語の問題です。

2　会話文の文空所補充
目標時間 ⏱ 5分　　5問

A-B または A-B-A の会話文の（　　）に最も適切な語句や文を，4つの選択肢から選ぶ問題です。文脈に合う適切な質問を選ぶ問題，質問に対する適切な返事や発言に対する自然な受け答えを選ぶ問題が出題されます。

3　長文の内容一致選択
目標時間 ⏱ 20分　　10問

[A]，[B]，[C] の3種類が出題され，[A] は掲示・お知らせ（2問），[B] はEメールまたは手紙文（3問），[C] は説明文（5問）です。英文の内容に関する質問に対する答えや，文の続きとして最も適切なものを4つの選択肢から選ぶ問題が出題されます。

4　ライティング（Eメール）
目標時間 ⏱ 15分　　1問

外国人の友達から受け取ったEメールに対し，返信メールを書く問題です。友達からのEメールには2つの質問があるので，それらについて自由に考え，15語～25語程度の英文で解答します。受け取ったEメールに対する返信として適切な内容になっているかに加え，語彙，文法が適切であるかも評価されます。

5　ライティング（英作文）
目標時間 ⏱ 15分　　1問

与えられた QUESTION に対して，自分の考えと2つの理由を25語～35語程度の英文でまとめる問題です。QUESTION で問われたことに対して，きちんと対応した内容になっているかに加え，英文の構成，語彙，文法が適切であるかも評価されます。

リスニング 🕒 約**25**分

第**1**部	会話の応答文選択	放送回数 1回	10問

イラストを見ながら会話を聞き，最後の発話に対する応答として最も適切なものを，放送される3つの選択肢から選ぶ問題です。友達同士，家族，店員と客などによる会話が主に出題されます。

第**2**部	会話の内容一致選択	放送回数 2回	10問

会話とその内容に関する質問を聞き，質問の答えとして最も適切なものを，問題冊子に印刷された4つの選択肢から選ぶ問題です。質問は，会話の内容の一部を問うものから会話全体の話題を問うものまでさまざまあります。

第**3**部	文の内容一致選択	放送回数 2回	10問

短い英文とその内容に関する質問を聞き，質問の答えとして最も適切なものを，問題冊子に印刷された4つの選択肢から選ぶ問題です。登場人物に起きたできごとや予定に関する英文が多いですが，施設や学校内のアナウンスも出題されます。

二次試験 **面接** 🕒 約**5**分

英文（パッセージ）とイラストが掲載されたカードが渡され，20秒の黙読のあと，英文の音読をするよう指示されます。それから，英語で5つの質問をされます。

問題	形式・課題詳細
音読	30語程度のパッセージを読む。
No.1	音読したパッセージの内容についての質問に答える。
No.2	イラスト中の人物の行動や物の状況を描写する。
No.3	
No.4	日常生活の身近な事柄についての質問に答える。
No.5	（カードのトピックに直接関連しない内容も含む）

英検® 受験情報

※ 2024 年 3 月時点の情報に基づいています。受験の際は，英検ウェブサイト等で最新情報をご確認ください。
※以下の受験情報は「従来型」のものです。

試験日程

試験は年に 3 回行われます。二次試験には複数の日程があります。

申し込み方法

団体受験

学校や塾などで申し込みをする団体受験もあります。詳しくは先生にお尋ねください。

個人受験

下記いずれかの方法でお申し込みください。

	インターネット （願書不要）	英検ウェブサイトから直接申し込む。 検定料は，クレジットカード，コンビニ，郵便局 ATM で支払う。
	コンビニ （願書不要）	コンビニ店頭の情報端末に入力し，「申込券」が出力されたら検定料をレジで支払う。
	英検特約書店 （要願書）	書店で検定料を支払い，「書店払込証書」と「願書」を協会へ郵送。

※申し込み方法については変更になる可能性があります。

検定料

検定料については英検ウェブサイトをご覧ください。

❈ お問い合わせ先

英検サービスセンター	☎ 03-3266-8311

月～金 9:30 ～ 17:00（祝日・年末年始除く）

英検ウェブサイト	https://www.eiken.or.jp

英検ウェブサイトでは，試験についての詳しい情報を見たり，入試等で英検を活用している学校を検索することができます。

合格LESSON

「合格レッスン」では，英検 3 級に必要な知識を学ぶことができ，確認問題の「やってみよう！」を通じて学んだことの理解度が確認できます。

レッスンの青い囲み内にまとめてある例文や語句（リスニングの放送文は点線の青い囲み）は音声に収録されていますので，ぜひ活用してください。

「チェックテスト」で間違えた問題は，レッスンに戻って，もう一度確認しましょう。

【筆記1】単語

筆記1の語句空所補充問題の前半では，単語が問われます。まずは，よく出る動詞を見ていきましょう。

● 押さえておきたい3級の動詞 ← 動詞の変化形も問われるので，別冊「直前対策BOOK」も見ておこう

put	～を置く	return	～を返す，戻る
catch	～をつかまえる	turn	曲がる
hold	（手に）～を持つ，（会など）を開く	sell	～を売る
perform	（～を）演じる，（音楽を）演奏する	happen	起こる
guess	（～を）推測する	agree	同意する，賛成する

carry a chair
hold

動詞を問う問題では，空所前後との意味のつながりから答えがわかる場合がよくあります。例えば，空所後に目的語（名詞）がある場合，その語句との意味のつながりが重要です。

目的語の prize「賞」に合うのは receive「～を受け取る」

| 主語 | | 動詞 | | 目的語 |

Yuji received a prize at the speech contest.

ユウジはスピーチコンテストで賞を取りました。

● 目的語との意味のつながりが問われやすい動詞

receive	～を受け取る	follow	～にしたがう，～についていく		
choose	～を選ぶ	invite	～を招待する		
design	～を設計する	enter	～に入る	protect	～を守る，保護する
celebrate	～を祝う	reach	～に到着する，手が届く	discover	～を発見する
touch	～に触る	invent	～を発明する	cross	～を渡る

動詞のあとに目的語以外の語句がくることもあります。また，目的語として指示語（it や them など）がくる場合は，それらが何を指しているかを理解することがポイントになります。

● 動詞のあとに目的語以外がくる例

Kenji performed on stage. ケンジは舞台で演じました。

I agree.「賛成です」，What happened?「何があったの？」など，目的語がない表現もある。

● 動詞のあとに目的語として指示語がくる例

A: Your house is so cool! あなたの家はすごくかっこいいですね！

it = Your house を指す

B: Thanks. My uncle designed it. ありがとう。私のおじがそれを設計しました。

やってみよう！

解答解説 ➡ 別冊 p.2

次の (1) から (5) までの (　　) に入れるのに最も適切なものを **1**, **2**, **3**, **4** の中から一つ選び，その番号のマーク欄をぬりつぶしなさい。

(1) **A:** Where are you going, Kathy?

B: I'm going to the library. I have to (　　　) these books.

  1 discover　　　**2** touch　　　**3** return　　　**4** reach

(2) Yesterday, my parents and I went to my grandmother's house to (　　　) her 80th birthday.

  1 celebrate　　　**2** turn　　　**3** put　　　**4** design

(3) Susan is learning about nature at school. Her teacher says that (　　　) trees and animals is important.

  1 receiving　　**2** protecting　　**3** performing　　**4** inventing

(4) **A:** Dad looks angry. What (　　　) to him?

B: Sally broke his computer.

  1 guessed　　　**2** agreed　　　**3** invited　　　**4** happened

(5) **A:** Is that your new bike? It's cool.

B: Thanks. I (　　　) it because I liked the color.

  1 chose　　　**2** sold　　　**3** caught　　　**4** held

(1)	(2)	(3)	(4)	(5)
① ② ③ ④	① ② ③ ④	① ② ③ ④	① ② ③ ④	① ② ③ ④

3級の重要名詞

ここでは，よく出る名詞を見ていきましょう。名詞を問う問題では，文中のほかの語句を手がかりにして，場面に合う名詞を選びます。

Do you have a towel? I want to wash my face.

タオルはありますか。私は顔を洗いたいです。　　「顔を洗う」ときに必要なものは towel

Sarah works as a chef at a French restaurant.

サラはフランス料理のレストランでシェフとして働いています。　　レストランで働く人は chef

上の2つ目の例文が問題として出題される場合は，選択肢に「人・職業」を表す語が並びます。名詞を問う問題では，同じカテゴリーの単語が選択肢に並ぶ傾向があるので，単語はグループ分けして覚えると効果的です。

● 身近なものや日常生活に関係する名詞

towel	タオル	map	地図	order	注文	sign	看板，標識
ticket	切符，チケット	report	レポート	subject	教科，(Eメールの) 件名		

● 人・職業を表す名詞

場所を表す「パン屋」は bakery

chef	シェフ	baker	パン職人
judge	審査員，裁判官	guide	ガイド
florist	花屋(の店主)	scientist	科学者
volunteer	ボランティア	tourist	旅行者，観光客
winner	勝者，受賞者		

Bakery

baker →

● 場所に関連する名詞

place	場所	area	地域，区域	floor	床，階
space	空間，宇宙	block	1区画，ブロック	office	会社，事務所

● そのほかの名詞

language	言語	meaning	意味	information	情報
opinion	意見	fact	事実	reason	理由
example	例	memory	記憶	difference	違い
interview	インタビュー，面接	prize	賞	rule	規則
environment	環境	height	高さ	accident	事故

やってみよう！

解答解説 ➡ 別冊 p.2 ～ 3

次の (1) から (5) までの (　　) に入れるのに最も適切なものを **1**，**2**，**3**，**4** の中から一つ選び，その番号のマーク欄をぬりつぶしなさい。

(1) **A:** I don't know the (　　　) of this word.

    B: You can use my dictionary.

    1 memory   **2** opinion   **3** report   **4** meaning

(2) Amy had an (　　　) with a soccer player as a TV reporter.

    1 area   **2** environment   **3** example   **4** interview

(3) **A:** Did you decide your (　　　), sir?

    B: Yes. I'll have the beef stew and a green salad, please.

    1 order   **2** accident   **3** information   **4** fact

(4) **A:** Can you tell me the way to your house?

    B: Sure. I'll draw a (　　　) for you.

    1 difference   **2** map   **3** ticket   **4** prize

(5) Jack works at a hotel as a (　　　). He wants many people to eat his Italian dishes.

    1 tourist   **2** florist   **3** chef   **4** winner

(1)	(2)	(3)	(4)	(5)
① ② ③ ④	① ② ③ ④	① ② ③ ④	① ② ③ ④	① ② ③ ④

【筆記1】単語

ここでは，形容詞や副詞など，動詞や名詞以外の品詞も見ていきましょう。形容詞は名詞を説明する言葉なので，形容詞を問う問題では，文中の名詞を手がかりにします。

形容詞	名詞

I can't hear you. Can you speak in a loud voice?

あなたの言うことが聞こえません。大きな声で話してもらえますか。

> 形容詞 loud「大きい」が
> voice「声」を説明している

● 押さえておきたい3級の形容詞

loud	(声・音が)大きい	free	暇な，無料の	dirty	汚れた	wide	(幅が)広い
special	特別な	dangerous	危険な	traditional	伝統的な		
enough	十分な	tight	(衣服などが)きつい	useful / helpful	役に立つ		

● 人の気持ちを表す形容詞

angry	怒った	nervous	緊張した	bored	退屈した	excited	わくわくした

● セットで出題されやすい〈形容詞＋名詞〉

foreign country	外国	foreign language	外国語	foreign culture	外国文化
professional baseball player	プロ野球選手				

形容詞を問う問題では，選択肢に反対の意味を表す形容詞が含まれる場合もあります。反対の意味を表す形容詞をセットで覚えておくとよいです。

● 反対の意味の形容詞

boring	退屈な	⇔	exciting	わくわくさせる
wet	ぬれた	⇔	dry	かわいた
noisy	うるさい	⇔	quiet	静かな
heavy	重い	⇔	light	軽い
dark	暗い	⇔	bright	明るい

exciting / boring

副詞や前置詞や接続詞を問う問題もときどき出るので覚えておきましょう。

● 押さえておきたい副詞など

carefully	注意深く	luckily	幸運にも	cheaply	安く	instead	代わりに
never	決して〜ない，一度も〜ない			through	〜を通して	without	〜なしで
since	〜(して)以来	during	〜の間(じゅう)	while	〜する間に		

やってみよう！

解答解説 ➡ 別冊 p.3

次の (1) から (5) までの (　　) に入れるのに最も適切なものを **1**，**2**，**3**，**4** の中から一つ選び，その番号のマーク欄をぬりつぶしなさい。

(1) Bill studies (　　) cultures at college. He tries to go to other countries every summer.
 1　light   **2**　foreign   **3**　dry   **4**　dangerous

(2) I don't want to sit on the bench because it's (　　).
 1　wet   **2**　free   **3**　angry   **4**　tight

(3) *A:* Dad, could you take this box to my room? It's really (　　), and I can't move it.
 B: OK, Kana. I'll do it.
 1　nervous   **2**　heavy   **3**　bright   **4**　useful

(4) *A:* How was the soccer game?
 B: It was (　　). Our school team won!
 1　boring   **2**　traditional   **3**　quiet   **4**　exciting

(5) Everyone laughed at Jane's mistakes. She got very angry and left the room (　　) saying anything.
 1　since   **2**　through   **3**　without   **4**　during

(1)	(2)	(3)	(4)	(5)
① ② ③ ④	① ② ③ ④	① ② ③ ④	① ② ③ ④	① ② ③ ④

合格 LESSON 4 動詞を中心にした熟語

🎵 04

【筆記1】熟語

筆記1の後半では，熟語が問われます。問題では熟語の中の1語だけが空所になるので，どの語が問われても解けるように，かたまりで覚えておきましょう。

まずは，文の中で動詞の部分が熟語になるパターンを見ていきます。前置詞・副詞は，意味が反対になるものをセットで覚えるとよいです。

動詞

You should take off your hat before you enter the room.

部屋に入る前に帽子を脱ぐべきです。

take off で1つのかたまり

put on

take off

● 〈動詞＋前置詞・副詞〉の熟語

put on ～	～を着る，身につける	⇔ take off ～	～を脱ぐ
turn on ～	（電源や明かり）をつける	⇔ turn off ～	（電源や明かり）を消す
turn up ～	～の音量を上げる	⇔ turn down ～	～の音量を下げる
go out	外に出る，出かける	⇔ go in	中に入る

on は接触する，**off** は離れる，**up** は上がる，**down** は下がる，**out** は外に出る，**in [into]** は中に入るイメージ。

---

have, make, take, give などの基本動詞を使った熟語を問う問題もあります。名詞とのつながりがポイントになります。また，そのほかの動詞の熟語も覚えておきましょう。

● have, make, take, give の熟語

have (a lot of) fun	（大いに）楽しむ	have a good time	楽しい時を過ごす
have a cold	風邪をひいている	have a headache	頭痛がする
make friends	友達をつくる	make friends with ～	～と友達になる
take care of ～	～の世話をする	take a walk	散歩する
give A a ride	Aを車で送る［車に乗せる］		
give A a hand	Aに手を貸す，Aを助ける		

● そのほかの動詞の熟語

go on a trip	旅行に行く	go for a walk	散歩に行く
hurry up	急ぐ	grow up	成長する，育つ
try on ～	～を試着する	pick up ～	～を車で迎えに行く
come true	（夢や希望などが）かなう	hold on	電話を切らずに待つ
change trains	列車を乗り換える	invite A to B	AをBに招待する
introduce A to B	AをBに紹介する		

20

やってみよう！

解答解説 ➡ 別冊 p.3 ～ 4

次の (1) から (5) までの (　　) に入れるのに最も適切なものを **1**，**2**，**3**，**4** の中から一つ選び，
その番号のマーク欄をぬりつぶしなさい。

(1)　*A:* It's very cold today. You should (　　　) on your jacket.

　　B: OK, I will, Mom.

　　1　turn　　　　　**2**　put　　　　　**3**　fit　　　　　**4**　set

(2)　*A:* Ben, would you turn (　　　　) the light when you leave your room?

　　B: All right, Dad.

　　1　into　　　　　**2**　by　　　　　**3**　off　　　　　**4**　from

(3)　I (　　　　) a lot of fun when I went to see the fireworks show last night.

　　1　had　　　　　**2**　made　　　　　**3**　took　　　　　**4**　got

(4)　*A:* I want to be a professional pianist and travel around the world.

　　B: I'm sure your dream will (　　　) true.

　　1　go　　　　　**2**　come　　　　　**3**　play　　　　　**4**　bring

(5)　*A:* Where are you from, Paul?

　　B: I was born in San Francisco and (　　　) up in Boston.

　　1　hurried　　　　**2**　left　　　　　**3**　picked　　　　**4**　grew

(1)	(2)	(3)	(4)	(5)
① ② ③ ④	① ② ③ ④	① ② ③ ④	① ② ③ ④	① ② ③ ④

形容詞・副詞を中心にした熟語

🎵 05

形容詞を中心にした熟語のパターンを見ていきます。〈be 動詞＋形容詞＋前置詞〉の形が典型です。問題では，形容詞だけでなく前置詞の部分が問われることも多いので，かたまりで覚えておきましょう。

形容詞

Jack goes to art school. He is interested in painting.

ジャックは芸術学校に通っています。彼は絵を描くことに興味があります。

be interested in で 1 つの熟語

● 〈be 動詞＋形容詞＋前置詞〉の熟語

be interested in ～	～に興味がある	be surprised at ～	～に驚く
be proud of ～	～を誇りに思う	be full of ～	～でいっぱいである
be afraid of ～	～を怖がる	be late for ～	～に遅れる
be different from ～	～と異なる	be absent from ～	～を欠席している

be able to ～「～することができる」や，**be ready to** ～「～する準備ができている」のような，形容詞のあとに〈to＋動詞の原形〉が続く熟語もある。

意味の上で副詞の働きをする熟語もあります。そのほかの 3 級によく出る熟語とともに覚えておきましょう。

My father usually comes home from work between ten and eleven.

私の父はふだん，10 時から 11 時の間に仕事から帰宅します。

問題では and に気づくことがポイント！

● 副詞の働きをする熟語

at the age of ～	～歳のときに	in front of ～	～の前で
for the first time	初めて	for a long time	長い間
at first	初めは	as usual	いつものように
on *one's* way to ～	～へ行く途中で	on business	仕事で

● そのほかの熟語

a little

between *A* and *B*	AとBの間に	both *A* and *B*	AもBも(両方とも)
a few ～	(数が)少しの～，2，3の～	a little ～	(量が)少しの～，ちょっと
a pair of ～	1組の～，1対の～	each other	お互い
not ～ at all	まったく～ない	the same as ～	～と同じ

a few

やってみよう！

解答解説 ➡ 別冊 p.4

次の (1) から (5) までの (　　) に入れるのに最も適切なものを **1**，**2**，**3**，**4** の中から一つ選び，その番号のマーク欄をぬりつぶしなさい。

(1) **A:** Is Matt (　　　) from school again?

B: Yes, Ms. Brown. I hear his cold is still very bad.

1 full **2** absent **3** late **4** different

(2) Lucy won the tennis match today. Her parents are very proud (　　　) her.

1 from **2** in **3** of **4** with

(3) This morning, I got up at six (　　　) usual, but I left home early. I had baseball practice before class.

1 as **2** on **3** for **4** by

(4) **A:** Hello. I came for an interview with Mr. Ikeda.

B: Please wait here. He'll be back in a (　　　) minutes.

1 big **2** many **3** little **4** few

(5) Karen started to learn the violin at the (　　　) of three.

1 age **2** front **3** way **4** pair

(1)	(2)	(3)	(4)	(5)
① ② ③ ④	① ② ③ ④	① ② ③ ④	① ② ③ ④	① ② ③ ④

次の (1) から (10) までの (　　) に入れるのに最も適切なものを **1**，**2**，**3**，**4** の中から一つ選び，その番号のマーク欄をぬりつぶしなさい。

(1) The weather is nice today, so let's go (　　　) for lunch.

    1 into   **2** of   **3** out   **4** down

(2) *A:* Dad, I want to get that book, but it's too high for me to (　　　) it.
    B: I'll get it for you.

    1 reach   **2** receive   **3** explain   **4** lend

(3) *A:* Can I go and play with my friends now, Mom?
    B: You can, but come back home before it gets (　　　).

    1 dirty   **2** helpful   **3** difficult   **4** dark

(4) There are many (　　　) at my school, and students must follow them.

    1 subjects   **2** holes   **3** types   **4** rules

(5) *A:* Why don't we go up to the top of that tower, Frank?
    B: Sorry, I can't. I'm afraid (　　　) heights.

    1 from   **2** by   **3** of   **4** at

(1)	(2)	(3)	(4)	(5)
① ② ③ ④	① ② ③ ④	① ② ③ ④	① ② ③ ④	① ② ③ ④

ここを見直し！   Lesson 4   Lesson 1   Lesson 3   Lesson 2   Lesson 5

(6) I couldn't study well last night because the people next door were having a big party. I had to wait until they became (　　　) at ten o'clock.

1 noisy **2** quiet **3** round **4** enjoyable

(7) *A:* Excuse me. Where is Dave Johnson's office?

B: It's on the tenth (　　　). There is an elevator over there.

1 space **2** line **3** floor **4** sign

(8) *A:* Could you tell me how to get to the stadium?

B: Go straight and (　　　) the bridge. It's on your left.

1 boil **2** cross **3** turn **4** move

(9) Linda went to Paris last summer. She doesn't understand the French language at (　　　), but she had a great time.

1 either **2** both **3** never **4** all

(10) My family went to Okinawa on vacation last month. We asked my uncle to (　　　) care of our dog while we were away.

1 take **2** give **3** make **4** have

(6)	(7)	(8)	(9)	(10)
① ② ③ ④	① ② ③ ④	① ② ③ ④	① ② ③ ④	① ② ③ ④
Lesson 3	Lesson 2	Lesson 1	Lesson 5	Lesson 4

筆記1の最後のほうでは，文法が問われます。

まずは，**受け身の形**を見ていきましょう。「（ものが）〜される，〜された」と表すときは，〈be動詞＋過去分詞〉の形になります。be動詞は主語の単数・複数，時制によって使い分けます。

主語 be動詞＋過去分詞

My bike was stolen.

私の自転車が盗まれました。

主語を人にした場合，**Someone stole my bike.**
「だれかが私の自転車を盗みました」となる。

主語 be動詞＋過去分詞

Classrooms are cleaned by students.

教室は生徒たちによってそうじされます。 「〜によって」は by で表す

● 疑問文　be 動詞を主語の前に出す

Is this room cleaned every day? この部屋は毎日そうじされますか。

When was the temple built? その寺はいつ建てられたのですか。

「〜される」を表す受け身の文では**動詞の過去分詞**を使います。過去分詞は，規則動詞の場合，基本的に過去形と同じ形になります。

例：clean（〜をそうじする）-cleaned-cleaned
　　introduce（〜を紹介する）-introduced-introduced
　　design（〜を設計する，デザインする）-designed-designed

一方で，**不規則動詞**の場合，**過去分詞にはさまざまなパターン**があります。受け身や次のレッスンの現在完了の問題では，選択肢から過去分詞を選ぶ必要がありますので，不規則動詞の過去分詞をしっかりと覚えましょう。

◆ 不規則動詞の例 ◆

「〜される」の文の動詞の形はこれ

原形		過去形	過去分詞
build	〜を建てる	built	built
eat	〜を食べる	ate	eaten
know	〜を知っている	knew	known
speak	（〜を）話す	spoke	spoken
steal	〜を盗む	stole	stolen
write	〜を書く	wrote	written

やってみよう！

解答解説 ➡ 別冊 p.6

次の (1) から (5) までの (　　) に入れるのに最も適切なものを **1**，**2**，**3**，**4** の中から一つ選び，その番号のマーク欄をぬりつぶしなさい。

(1)　I was (　　　) to the class by my teacher.

    1 introduce　　**2** introduces　　**3** introduced　　**4** introducing

(2)　An expensive painting was (　　　) from the art museum.

    1 steal　　　**2** stolen　　　**3** stole　　　**4** stealing

(3)　*A:* When (　　　) the temple built?

    B: More than five hundred years ago.

    1 did　　　**2** does　　　**3** is　　　**4** was

(4)　*A:* What languages are (　　　) in your country?

    B: Most people speak Spanish and English.

    1 speak　　　**2** spoke　　　**3** spoken　　　**4** speaks

(5)　*A:* Are you reading a science book, Sam?

    B: Yes. This was (　　　) by my favorite author.

    1 written　　　**2** write　　　**3** wrote　　　**4** writing

(1)	(2)	(3)	(4)	(5)
① ② ③ ④	① ② ③ ④	① ② ③ ④	① ② ③ ④	① ② ③ ④

7 過去から現在を表す動詞の形

合格 LESSON

🎵 07

過去分詞を問う文法には受け身のほかに**現在完了**があります。現在完了は〈have [has]＋過去分詞〉で表します。「（ずっと）～している」「（もう）～した」「～したことがある」などの意味と，肯定文・疑問文・否定文の形をよく覚えておきましょう。

● 「（ずっと）～している」＜継続＞

| 主語 | | have＋過去分詞 |

We have known each other for a long time.

私たちは長い間お互いを知っています。

> 現在完了の肯定文は
> 〈have [has]＋過去分詞〉で表す

● 「（もう）～した」「まだ～していない」＜完了＞

| 主語 | have | | 過去分詞 |

I have already finished my homework.

私はもう宿題を終えました。

> already「もう，すでに」は
> have [has] のあとに置く

| 主語 | | have not＋過去分詞 |

I have not begun my homework yet.

ぼくはまだ宿題を始めていません。

> 否定文では have [has] のあとに not を入れる。
> そのとき yet「まだ」が文末によく使われる

● 「～したことがある」＜経験＞

| Have | 主語 | | 過去分詞 |

Have you ever eaten tofu, Jenny?

あなたは今までに豆腐を食べたことがありますか，ジェニー？

> 疑問文は Have [Has] を主語の前に置く。
> 経験を尋ねる文では
> ever「今までに」がよく使われる

現在完了の文でよく使われる副詞があります。例えば「経験」を表すときは ever，before，never をよく使います。
また，「行ったことがある」には been を使います。

Have you seen a rainbow before? あなたは以前に虹を見たことがありますか。

He has never been to Okinawa. 彼は沖縄に一度も行ったことがありません。
└─ 主語が He や It などのとき，have → has になる。

yet は疑問文で「もう」，否定文で「まだ」の意味になります。

Have you had lunch yet? あなたはもう昼食を食べましたか。

「どのくらいの間～しているか」と尋ねるときは，How long を使います。

How long have you lived in Japan? あなたはどのくらい日本に住んでいますか。

28

やってみよう！

解答解説 ➡ 別冊 p.6 〜 7

次の (1) から (5) までの (　　) に入れるのに最も適切なものを **1**，**2**，**3**，**4** の中から一つ選び，その番号のマーク欄をぬりつぶしなさい。

(1)　*A:* Are you watching TV, Jack?

　　　B: Yes, Dad. I've already (　　　) my homework.

　　　1 finish　　　　**2** finished　　　　**3** finishes　　　　**4** finishing

(2)　Alice loves Japanese food, but she has never (　　　) to Japan.

　　　1 be　　　　**2** went　　　　**3** go　　　　**4** been

(3)　*A:* Sorry I'm late.

　　　B: That's all right. The baseball game hasn't (　　　) yet.

　　　1 begin　　　　**2** began　　　　**3** begun　　　　**4** begins

(4)　*A:* Have you (　　　) seen a koala?

　　　B: Yes. I saw some at the zoo in Sydney last year.

　　　1 yet　　　　**2** ever　　　　**3** already　　　　**4** never

(5)　*A:* How long have you (　　　) each other?

　　　B: We first met in elementary school.

　　　1 known　　　　**2** know　　　　**3** knew　　　　**4** knows

(1)	(2)	(3)	(4)	(5)
① ② ③ ④	① ② ③ ④	① ② ③ ④	① ② ③ ④	① ② ③ ④

to を使った動詞の形

動詞の変化形が選択肢に並ぶパターンとして，ほかに**不定詞**の問題があります。不定詞は〈to＋動詞の原形〉で表し，1つのかたまりとして文中でいろいろな働きをします。
まずは，「(人)に〜してほしい」を表す形を見ていきましょう。

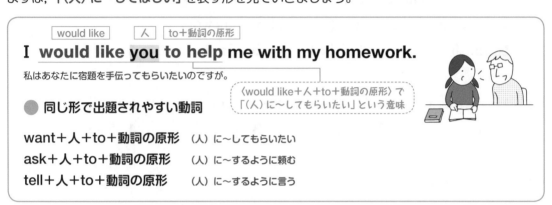

〈It is 〜 (for＋人) to＋動詞の原形〉で「(人にとって)…することは〜だ」という意味です。〈to＋動詞の原形〉は「…すること」を表します。

3級ではこれらのような不定詞がよく出題されますが，4級の出題範囲である不定詞の基本用法が出題されることもあります。しっかりと復習しておきましょう。

やってみよう！

解答解説 ➡ 別冊 p.7

次の (1) から (5) までの (　　) に入れるのに最も適切なものを **1**，**2**，**3**，**4** の中から一つ選び，その番号のマーク欄をぬりつぶしなさい。

(1)　*A:* Are you going to the library, Simon?

　　B: Yes. Mika asked me (　　　　) her with her English homework.

　　1　to help　　　　**2**　help　　　　　**3**　helped　　　　**4**　helping

(2)　Fred wants to be an astronaut. It is exciting for him (　　　) about space.

　　1　learned　　　　**2**　to learn　　　　**3**　learning　　　　**4**　learn

(3)　Today I got up early in the morning (　　　　) tennis.

　　1　practice　　　　**2**　practiced　　　　**3**　to practice　　　　**4**　practices

(4)　I think it's good (　　　　) children to read a lot of books.

　　1　about　　　　**2**　with　　　　**3**　by　　　　**4**　for

(5)　*A:* You look serious, Dad.

　　B: Yes. I have something important (　　　　) you.

　　1　tell　　　　**2**　told　　　　**3**　to tell　　　　**4**　telling

(1)	(2)	(3)	(4)	(5)
① ② ③ ④	① ② ③ ④	① ② ③ ④	① ② ③ ④	① ② ③ ④

合格 LESSON 9　文の中に疑問詞がある形

09

【筆記１】〈疑問詞＋to＋動詞の原形〉，間接疑問

筆記１では，適切な疑問詞を問う問題が出題されます。〈疑問詞＋to＋動詞の原形〉と〈疑問詞＋主語＋動詞〉（間接疑問）を覚えましょう。どちらのパターンも，選択肢には疑問詞が並び，文の意味をつかむことがポイントになります。

疑問詞｜to＋動詞の原形

Could you teach me how to play the guitar?

ギターの弾き方を教えてくれませんか。

how は「どのように」

I don't know what to give Lisa for her birthday.

私はリサの誕生日に何をあげたらいいかわかりません。

what は「何を」

● 〈疑問詞＋to＋動詞の原形〉の例

how to＋動詞の原形　どのように～すればいいか，～する方法，～の仕方
what to＋動詞の原形　何を～すればいいか

間接疑問は，動詞のあとが〈疑問詞（＝主語）＋動詞〉または〈疑問詞＋主語＋動詞〉の形をとります。語順だけではなく，文の意味をつかむことがポイントです。

疑問詞（＝主語）｜動詞

Do you know who made this cake?

だれがこのケーキを作ったか知っていますか。

疑問詞｜主語｜動詞

A: **Do you know why Bob isn't at practice today?**

なぜボブが今日，練習に来ていないか知っていますか。

B: **I hear he broke his leg.**

足を骨折したらしいです。

問題では疑問詞が問われる！「足を骨折した」が練習に来ていない理由なので，why が適切

● 〈疑問詞（＝主語）＋動詞〉や〈疑問詞＋主語＋動詞〉の例

who＋動詞　　　　　だれが～するか
why＋主語＋動詞　　なぜ～するか
when＋主語＋動詞　　いつ～するか
where＋主語＋動詞　どこで［へ］～するか

やってみよう！

解答解説 ➡ 別冊 p.7 〜 8

次の (1) から (5) までの (　　) に入れるのに最も適切なものを **1**，**2**，**3**，**4** の中から一つ選び，その番号のマーク欄をぬりつぶしなさい。

(1) **A:** Excuse me. Could you tell me (　　　) to get to the station?

B: Turn right at that bookstore.

1 what 　　　　**2** how 　　　　**3** who 　　　　**4** where

(2) **A:** Do you know (　　　) drew this picture?

B: Mike did. He's good at art.

1 who 　　　　**2** how 　　　　**3** what 　　　　**4** why

(3) **A:** Ms. Green, could you tell us (　　　) to bring for the field trip tomorrow?

B: Please bring your lunch and water.

1 when 　　　　**2** how 　　　　**3** what 　　　　**4** why

(4) **A:** Tell me (　　　) you didn't do your homework yesterday, Peter.

B: Sorry, Mr. Jackson. I had a fever.

1 what 　　　　**2** how 　　　　**3** where 　　　　**4** why

(5) **A:** Excuse me. Can you tell me (　　　) I can get a bus ticket?

B: There is a ticket machine over there.

1 what 　　　　**2** why 　　　　**3** who 　　　　**4** where

(1)	(2)	(3)	(4)	(5)
① ② ③ ④	① ② ③ ④	① ② ③ ④	① ② ③ ④	① ② ③ ④

注意したい make や give の使い方

【筆記1】 SVOC，SVOO の文

make や give のように，目的語に人称代名詞 (me，her，him など) がくる動詞があります。このとき，人称代名詞は「〜を [に]」の形になり，筆記1ではこの形がよく問われます。

まず，make と call の文を確認しましょう。make *AB* は「A を B (の状態) にする」，call *AB* は「A を B と呼ぶ」という意味で，A にくる人称代名詞は「〜を」の形です。

> 〜にする　〜を　形容詞
> # I lost Bill's CD. That really made him angry.
> 私はビルの CD をなくしました。それは彼をひどく怒らせました。
> └ 「〜を」の形の him が適切
>
> この例文の問題では，例えば選択肢には **he**，**his**，**him**，**their** のような代名詞が並び，「〜を」の形の **him** が正解になる。
>
> 呼ぶ　〜を　…と
> # Everyone calls her Kei. みんなが彼女をケイと呼びます。
> └ 「〜を」の形の her が適切

call *AB* の文は，疑問文や受け身でもよく出ます。この場合，問題では動詞の変化形が問われます。

What is this flower called in English?
この花は英語で何と呼ばれていますか。

次に，give と show の文を確認しましょう。〈give＋人＋もの〉は「(人) に (もの) を与える，あげる」，〈show＋人＋もの〉は「(人) に (もの) を見せる」という意味で，「人」にくる人称代名詞は「〜に」の形になります。

> 動詞　〜に　　〜を
> # Are you going to give him a present?
> あなたは彼にプレゼントをあげるつもりですか。　└「〜に」の形の him が適切
>
> 動詞　〜に　　〜を
> # He showed me a picture of his family.
> 彼は私に家族の写真を見せてくれました。　└「〜に」の形の me が適切
>
> ● 同じ形で出題されやすい動詞
>
> give *AB*　AにBを与える　　show *AB*　AにBを見せる　　send *AB*　AにBを送る
> teach *AB*　AにBを教える　　lend *AB*　AにBを貸す　　tell *AB*　AにBを話す，教える

動詞のあとにくる「〜を [に]」の形の人称代名詞には，me，her，him のほかに，us「私たちを [に]」，you「あなた (たち) を [に]」，them「彼 (女) らを [に]」があります。

やってみよう！

解答解説 ➡ 別冊 p.8

次の (1) から (5) までの (　　) に入れるのに最も適切なものを **1**, **2**, **3**, **4** の中から一つ選び、その番号のマーク欄をぬりつぶしなさい。

(1) I like Michael's music. His songs make (　　　) happy.

1 we **2** my **3** me **4** our

(2) *A:* We'd like to go to the soccer stadium. Can you show (　　　) the way?

B: Sure.

1 we **2** our **3** us **4** ours

(3) The school has decided to go overseas for the school trip. The news (　　　) all the students excited.

1 called **2** made **3** showed **4** gave

(4) I like to visit my grandparents. They often (　　　) me interesting stories.

1 take **2** lend **3** call **4** tell

(5) Tomorrow is my parents' 20th wedding anniversary. I'm going to give (　　　) some beautiful flowers.

1 them **2** they **3** their **4** theirs

(1)	(2)	(3)	(4)	(5)
① ② ③ ④	① ② ③ ④	① ② ③ ④	① ② ③ ④	① ② ③ ④

次の (1) から (10) までの（　　）に入れるのに最も適切なものを **1**, **2**, **3**, **4** の中から一つ選び，その番号のマーク欄をぬりつぶしなさい。

(1) *A:* I don't know (　　　) to use this computer.
    B: I can show you.
    1 when   **2** what   **3** who   **4** how

(2) George has (　　　) in Japan for a long time, so he has many Japanese friends.
    1 live   **2** lived   **3** living   **4** lives

(3) *A:* Do you know (　　　) Sally is, Dad?
    B: She's taking a bath.
    1 how   **2** where   **3** why   **4** when

(4) The official T-shirt for the music festival was (　　　) by a famous singer.
    1 design   **2** designing   **3** designs   **4** designed

(5) It is important for Akira (　　　) a part-time job. He needs money to go to a university.
    1 to have   **2** having   **3** had   **4** has

(1)	(2)	(3)	(4)	(5)
① ② ③ ④	① ② ③ ④	① ② ③ ④	① ② ③ ④	① ② ③ ④

ここを見直し！   Lesson 9   Lesson 7   Lesson 9   Lesson 6   Lesson 8

(6) Emily has a piano contest next month. Her piano teacher told her (   )
for two hours every day.

1 practice   **2** practicing   **3** to practice   **4** practices

(7) David said bad things to Mari many times. That made (   ) very angry.

1 she   **2** herself   **3** her   **4** hers

(8) *A:* Wendy, have you (   ) your homework yet?
B: There is no homework today, Mom.

1 finish   **2** finishing   **3** finished   **4** finishes

(9) Dave is (   ) to local people because he often plays the guitar in front of
the supermarket.

1 known   **2** know   **3** knew   **4** knows

(10) *A:* Your grandparents miss you so much. Why don't you send (   ) a
letter?
B: Sure. I'll do that.

1 them   **2** you   **3** their   **4** us

(6)	(7)	(8)	(9)	(10)
① ② ③ ④	① ② ③ ④	① ② ③ ④	① ② ③ ④	① ② ③ ④
Lesson 8	Lesson 10	Lesson 7	Lesson 6	Lesson 10

単熟語

文法

会話表現

長文読解

ライティング

リスニング

「〜だよね？」と確認する形

🎵 11

【筆記1】付加疑問

付加疑問の形を確認しましょう。付加疑問は，「〜だよね？」と相手に確認したり，同意を求めたりする表現です。肯定文のときは文末に〈，否定形＋主語 ?〉を置きます。

● be 動詞の文

肯定形

否定形　主語

He is always nice to his friends, isn't he?

彼はいつも友達に親切ですよね？

> He is ... なので否定形の isn't

> 複数形なら **are → aren't** になる。過去形の場合，**was → wasn't**，**were → weren't** になる。どの否定形も短縮形の形をとる。

● 助動詞の文

> Jason ⇒ he のように文末は代名詞になる

Jason will come to the party, won't he?

ジェイソンはパーティーに来ますよね？

> **He's coming ...** や **You'll come ...** のような短縮形の場合，**He is**，**You will** のように置き換えて考える。

一般動詞の場合，現在の文なら〈，don't [doesn't]＋主語 ?〉，過去の文なら〈，didn't＋主語 ?〉になります。

● 一般動詞の文

> your mother goes ... なので否定形の doesn't

Emi, your mother goes to the gym, doesn't she?

エミ，あなたのお母さんはジムに通っていますよね？

> she は your mother のこと

Yuji won the judo match, didn't he?

ユウジは柔道の試合に勝ちましたよね？

> won が動詞 win の過去形であることに気づくことがポイント

筆記1で付加疑問が出るときは，〈肯定文，否定形＋主語 ?〉の「否定形」の部分が空所として出題されますので，型を覚えておきましょう。

なお，付加疑問は否定文もあります。〈否定文，肯定形＋主語 ?〉の形も知っておきましょう。

否定形

肯定形　主語

Jason won't come to the party, will he?

ジェイソンはパーティーに来ませんよね？

> 否定形 won't の肯定形 will になる

やってみよう！

解答解説 ➡ 別冊 p.9 〜 10

次の (1) から (5) までの (　　) に入れるのに最も適切なものを **1**，**2**，**3**，**4** の中から一つ選び，
その番号のマーク欄をぬりつぶしなさい。

(1) **A:** Ms. Suzuki is moving to Tokyo, (　　　) she?

　　B: No, she's moving to Yokohama.

　　1 isn't 　　　**2** aren't 　　　**3** doesn't 　　　**4** won't

(2) **A:** Your parents are from the United States, (　　　) they?

　　B: Yes.　They were born in New York.

　　1 isn't 　　　**2** aren't 　　　**3** won't 　　　**4** don't

(3) **A:** Jack, you'll dance at the school festival, (　　　) you?

　　B: Yes.　I'm excited about that.

　　1 won't 　　　**2** wasn't 　　　**3** isn't 　　　**4** can't

(4) **A:** The bus for the shopping mall leaves from here, (　　　) it?

　　B: I think so.

　　1 wasn't 　　　**2** won't 　　　**3** doesn't 　　　**4** didn't

(5) **A:** Tim, you forgot to take your lunch this morning, (　　　) you?

　　B: I'm sorry, Mom.

　　1 won't 　　　**2** doesn't 　　　**3** aren't 　　　**4** didn't

(1)	(2)	(3)	(4)	(5)
① ② ③ ④	① ② ③ ④	① ② ③ ④	① ② ③ ④	① ② ③ ④

単熟語　文法　会話表現　長文読解　ライティング　リスニング

【筆記 1】比較級・最上級の応用

比較級や最上級を使った表現は 4 級にも出ますが，3 級では少し難しい表現で出題されます。比較の文を確認しましょう。筆記 1 の比較の問題では，選択肢に**形容詞または副詞の変化形**が並びます。**than があれば比較級**を選びましょう。比較級を強める語が前にあることがあります。

〈比較級〉 〈比較級＋than 〜〉で「〜よりも…」という意味

My house is older than most houses around here.

私の家はこの辺りのほとんどの家よりも古いです。

much は比較級を強調して「ずいぶん，ずっと」という意味

It's much colder today than yesterday.

今日は昨日よりずいぶん寒いですね。

● 規則的に変化する比較級・最上級の例

warm 「暖かい」(原級) – **warmer** (比較級) – **warmest** (最上級)

hot 「暑い」(原級) – **hotter** (比較級) – **hottest** (最上級)

quiet 「静かな」(原級) – **quieter** (比較級) – **quietest** (最上級)

つづりも確認しておこう

つづりが長い形容詞や -ly で終わる副詞の場合，比較級は **more 〜**，最上級は **most 〜** で表す。

比較級を使った定型表現も出題されます。〈比較級＋than any other＋単数名詞〉で「ほかのどの (単数名詞) よりも〜」という意味です。any 以外にも比較級や other の部分が空所になっても解けるようにしておきましょう。

Shelly swims faster than any other student in her school.

シェリーは学校内でほかのどの生徒よりも速く泳ぎます。

つまり「いちばん泳ぎが速い生徒」ということ

最上級を使った文も確認しておきましょう。〈the＋最上級＋名詞＋主語＋have [has] ever＋過去分詞〉で「これまで〜した中でいちばん…」という意味です。

This is the best pizza I've ever eaten.

これはぼくが今まで食べた中でいちばんおいしいピザです。

● 不規則に変化する比較級・最上級の例

good 「よい」(原級) – **better** (比較級) – **best** (最上級)

well 「上手に」(原級) – **better** (比較級) – **best** (最上級)

bad 「悪い」(原級) – **worse** (比較級) – **worst** (最上級)

many / much 「多数の／多量の」(原級) – **more** (比較級) – **most** (最上級)

little 「少しの」(原級) – **less** (比較級) – **least** (最上級)

やってみよう！

解答解説 ➡ 別冊 p.10

次の (1) から (5) までの (　　) に入れるのに最も適切なものを **1**，**2**，**3**，**4** の中から一つ選び，その番号のマーク欄をぬりつぶしなさい。

(1) The Smiths moved to the country from a big city.　Now their life is (　　) than before.

1 quieter **2** quiet **3** quietest **4** quietly

(2) This winter was much (　　) than last winter, so we didn't have any snow in our town.

1 warm **2** warmer **3** warmest **4** most

(3) It was the (　　) day of my life.　My bike was stolen and my dog ran away.

1 all **2** more **3** much **4** worst

(4) Kei runs faster than (　　) other student in her class.

1 no **2** any **3** all **4** many

(5) Mick is a member of a soccer team.　He can kick a ball the (　　) on the team.

1 well **2** better **3** best **4** worse

(1)	(2)	(3)	(4)	(5)
① ② ③ ④	① ② ③ ④	① ② ③ ④	① ② ③ ④	① ② ③ ④

単熟語

文法

会話表現

長文読解

ライティング

リスニング

語句が前の名詞を修飾する形 ①

13

【筆記 1】現在分詞・過去分詞の後置修飾

語句が前の名詞を修飾する形がいくつかあります。3 級で重要なものとして，**現在分詞**（動詞の -ing 形）と**過去分詞**を見ていきましょう。

現在分詞は，前の名詞を修飾して「〜している…」という意味になります。

● **現在分詞「〜している…」**

〔「〜している」だから現在分詞〕

〔名詞〕 〔現在分詞＋語句〕
Who is **that boy** **sitting** alone over there?

あそこにひとりで座っているあの男の子はだれですか。

〔名詞〕 〔現在分詞＋語句〕
Look at **the woman** **singing** on the stage. 舞台で歌っている女性を見てください。

● **〈現在分詞＋語句〉が主語を修飾する文**

〔名詞（＝主語）〕 〔現在分詞＋語句〕
That girl **reading** a book is Mika. 本を読んでいるあの女の子はミカです。

● **そのほかの表現**

children **sleeping** in the room 部屋で眠っている子供たち

a man **talking** on the phone 電話で話している男性

過去分詞は，前の名詞を修飾して「〜された…」という意味になります。現在分詞も過去分詞も〈分詞＋語句〉が前の名詞を修飾している点は同じです。

● **過去分詞「〜された…」**

〔「〜された」だから過去分詞〕

〔名詞〕 〔過去分詞＋語句〕
That is **a tree house** **made** by high school students.

あれは高校生たちによって作られたツリーハウスです。

〔名詞〕 〔過去分詞＋語句〕
My aunt has **a cat** **called** Mimi.

私のおばは，ミミという猫を飼っています。

〔*A* called *B* で「B と呼ばれる A，B という A」〕

● **そのほかの表現**

a picture **taken** many years ago 何年も前に撮られた写真

languages **spoken** in Canada カナダで話されている言語

やってみよう！

解答解説 ⇒ 別冊 p.10 ～ 11

次の (1) から (5) までの (　　) に入れるのに最も適切なものを **1**，**2**，**3**，**4** の中から一つ選び，
その番号のマーク欄をぬりつぶしなさい。

(1) **A:** Who is that girl (　　　) a book over there?

　　B: That's my sister.

　　1 read 　　　　**2** reads 　　　　**3** reading 　　　　**4** to read

(2) My family has a little white dog (　　　) George.

　　1 call 　　　　**2** called 　　　　**3** calling 　　　　**4** calls

(3) When I was cleaning the house, I found some pictures (　　　) on a
beautiful island.

　　1 take 　　　　**2** took 　　　　**3** taking 　　　　**4** taken

(4) **A:** Look at that small koala (　　　) in the tree.

　　B: Oh, it's cute!

　　1 sleeping 　　**2** slept 　　　　**3** to sleep 　　　　**4** sleeps

(5) **A:** You have so many clothes, Susan!

　　B: Yes. These are dresses (　　　) by my aunt. I love them.

　　1 makes 　　**2** made 　　　　**3** making 　　　　**4** make

(1)	(2)	(3)	(4)	(5)
① ② ③ ④	① ② ③ ④	① ② ③ ④	① ② ③ ④	① ② ③ ④

語句が前の名詞を修飾する形 ②

合格 LESSON **14**

🎵 **14**

語句が前の名詞を修飾する形でもう 1 つ重要なものに関係代名詞があります。3 級の筆記 1 では〈名詞（人）＋who＋動詞〜〉の形でよく出題されます。〈who＋動詞〜〉を説明したい名詞（人）のあとに置いて，前の名詞（人）を修飾します。

● 関係代名詞 who

名詞（人）　　who＋動詞〜

This room is for children who are learning cooking.

この部屋は料理を学ぶ子供たちのためのものです。

〈who＋動詞〜〉が前の名詞を修飾している

名詞（人）　　who＋動詞〜

Students who want to join the event should come to the library.

イベントに参加したい生徒は図書室に来てください。

Students who want to join the event「イベントに参加したい生徒」までが文の主語

上の例文の問題の選択肢には，例えば **what**，**why**，**who**，**whose**，**which** などの語が並ぶ。

ほかの関係代名詞も見てみましょう。3 級では，who は「人」について使うのに対し，that [which] は「もの」について使います。また，〈whose＋名詞〜〉が前の名詞を修飾する形もあります。whose は「〜の」を表すので，すぐあとに名詞がきます。

● 関係代名詞 that [which]

名詞（もの）　that [which]＋動詞〜

I read a book that was written in 1990.

私は 1990 年に書かれた本を読みました。

a book は「もの」なので関係代名詞は that [which]

● 関係代名詞 whose

名詞　　whose＋名詞〜

I talked with a girl whose father is an actor.

私は父親が俳優である女の子と話しました。

「女の子の父親」という意味関係になる

上の 1 つ目の文について，説明したい名詞が「もの」のとき，関係代名詞は that か which が考えられますが，実際の問題では選択肢には that と which のどちらかしか出ませんので，それを選びましょう。

やってみよう！

解答解説 ➡ 別冊 p.11

次の (1) から (5) までの（　）に入れるのに最も適切なものを **1**，**2**，**3**，**4** の中から一つ選び，その番号のマーク欄をぬりつぶしなさい。

(1)　This dictionary is good for Japanese students (　　　) are learning English.

1　why　　　　　**2**　who　　　　　**3**　what　　　　　**4**　whose

(2)　Simon does not like to eat at restaurants (　　　) are crowded and noisy.

1　what　　　　　**2**　that　　　　　**3**　why　　　　　**4**　who

(3)　Children (　　　) want to join the baseball team have to take a test.

1　why　　　　　**2**　which　　　　　**3**　what　　　　　**4**　who

(4)　At the summer festival, I met a boy (　　　) mother is a math teacher at my school.

1　who　　　　　**2**　which　　　　　**3**　how　　　　　**4**　whose

(5)　*A:* Excuse me. I'm looking for the bus (　　　) goes to Tokyo Station.
　　B: The Number 20 bus goes there.

1　which　　　　　**2**　who　　　　　**3**　what　　　　　**4**　whose

(1)	(2)	(3)	(4)	(5)
① ② ③ ④	① ② ③ ④	① ② ③ ④	① ② ③ ④	① ② ③ ④

次の (1) から (8) までの (   ) に入れるのに最も適切なものを **1**, **2**, **3**, **4** の中から一つ選び、その番号のマーク欄をぬりつぶしなさい。

(1) *A:* Dad was at my soccer game, (   ) he?
B: Yes. He was watching the game.
1 didn't   **2** wasn't   **3** hasn't   **4** doesn't

(2) *A:* Who is that man (   ) to your mother?
B: That's my English teacher.
1 talk   **2** talked   **3** talking   **4** talks

(3) This book is good for people (   ) want to learn about different cultures around the world.
1 who   **2** whose   **3** why   **4** what

(4) Ben can sing (   ) than any other student in his music class.
1 most   **2** better   **3** best   **4** much

(1)	(2)	(3)	(4)
① ② ③ ④	① ② ③ ④	① ② ③ ④	① ② ③ ④

ここを見直し！ ▷   Lesson 11   Lesson 13   Lesson 14   Lesson 12

(5) Nathan didn't understand the languages (　　　) in India, but he liked the country very much.

1 speak   **2** spoke   **3** speaking   **4** spoken

(6) *A:* You took a trip to Spain, (　　　) you?
B: Yes. I had a very good time there.

1 didn't   **2** weren't   **3** don't   **4** can't

(7) I think this was the (　　　) of all the bands in this music festival.

1 any   **2** worse   **3** best   **4** more

(8) Karen was very sad when she lost her favorite hat (　　　) had a ribbon on it.

1 whose   **2** that   **3** who   **4** why

(5)	(6)	(7)	(8)
① ② ③ ④	① ② ③ ④	① ② ③ ④	① ② ③ ④
Lesson 13	Lesson 11	Lesson 12	Lesson 14

筆記 2 は会話文の空所補充問題で，**文脈に合う適切な質問を選ぶパターン**と**質問に対する返事や発言に対する受け答えを選ぶパターン**が出題されます。ここでは，適切な質問を選ぶ問題に対応できるよう，応答の内容を考えながら，さまざまな質問の表現を見ていきましょう。

Boy: You play the piano very well.
　　　How long have you played it?

問題ではこの質問部分が空所になる

Girl: For ten years. 質問

応答

女の子が For ten years.「10 年間（ピアノを弾いている）」と答えているので，How long ～?「どのくらい～?」と期間を尋ねる質問が合う

男の子：ピアノがとても上手だね。
　　　　どのくらい弾いているの？
女の子：10 年よ。

Man: It's hot outside. Why don't we stay at home today?
Woman: Good idea. Let's watch a movie.

男性：外は暑いね。今日は家にいるのはどう？
女性：いい考えね。映画を見ましょう。

Why don't we ～?「～しませんか」と相手に提案する表現が応答に合う

質問を選ぶ問題では，その応答の意味を理解することが重要になります。2 つ目の会話は，「提案する⇒賛成する」という流れで，Good idea. のあとの文にも注意します。

ひとくくりに「質問」と言っても，誘う，お願いする，提案するなど，いろいろあります。これらの会話表現はリスニングでも重要なので，3 級によく出るものを覚えておきましょう。

● 3 級によく出る質問の表現

時や場所を尋ねる：	When ～? いつ～?　　Where ～? どこで [に] ～?
物事を尋ねる：	What ～? 何が [を] ～?
時刻を尋ねる：	What time ～? 何時に～?
数・量・金額を尋ねる：	How many [much] ～? どれくらいの数 [量・金額] の～?
頻度を尋ねる：	How often ～? どのくらいの頻度で～?
種類を尋ねる：	What kind of ～? どんな種類の～?
提案する・誘う：	How [What] about ～? ～はどうですか。
	Why don't you ～? ～してはどうですか。
	Do you want to ～? / Can we ～? ～しませんか。
依頼をする：	Can [Could] you ～? ～してくれますか。
申し出をする：	Do you want me to ～? / Shall I ～? 私が～しましょうか。
店での会話：	Can [May] I help you? いらっしゃいませ [ご用件を伺いましょうか]。
	Can I try it on? 試着してもいいですか。

やってみよう！

解答解説 ➡ 別冊 p.12 〜 13

次の (1) から (3) までの会話について，（　　）に入れるのに最も適切なものを **1**，**2**，**3**，**4** の中から一つ選び，その番号のマーク欄をぬりつぶしなさい。

(1)　***Boy:*** You play the piano very well. （　　　）

　　Girl: Twice a week. I practice a lot every day, so I don't have much free time.

　　1　When did you get it?

　　2　How often do you have lessons?

　　3　How long have you had it?

　　4　What kind of music do you like?

(2)　　　***Wife:*** Can we eat out for dinner?

　Husband: Sure. （　　　）

　　　　Wife: Sounds good. Let's try the new restaurant by the station.

　　1　How about Chinese food?

　　2　What did you eat for lunch?

　　3　What kind of food do you like?

　　4　Could you cook for me?

(3)　***Salesclerk:*** Can I help you, sir?

　Customer: I like these shirts. （　　　）

　Salesclerk: Sure. I'll show you the fitting room.

　　1　How much are they?

　　2　Where are they from?

　　3　Can I try them on?

　　4　What time do you close?

(1)	(2)	(3)
① ② ③ ④	① ② ③ ④	① ② ③ ④

会話中の質問などに答える表現

🎵 **16**

【筆記 2】会話表現

合格レッスン 15 に続いて，**相手の質問に対する返事**や，**相手の発言に対する受け答え**の部分が問われる会話を見ていきましょう。相手の発言については，**話者の状況や気持ちをくみ取ります。**

How is 〜？「〜はどう？」で風邪の具合を尋ねられ，「よくなった」と返事している場面

質問

Mother: **How is your cold, Sam?**
Son: **I'm feeling better.** I can go to school today.

質問に合う返事 ── 問題では質問への返事が空所になる

母親：風邪の具合はどう，サム？
息子：具合はよくなったよ。今日は学校に行けるよ。

発言

Son: Hurry up, Mom! **I don't want to miss the bus.**
Mother: **Wait a minute. Your lunch is almost ready.**

発言に合う受け答え

息子：急いで，お母さん！ バスに乗り遅れたくないよ。
母親：**ちょっと待って。あなたのお弁当がもうすぐ準備できるから。**

この場合は前後の発言から状況をくみ取り，発言に合う受け答えを考える

---

2 つ目の会話のように受け答えが疑問文への応答ではない場合，**話者の状況や気持ち（要望，お願い，助言，不安など）** を文脈から読み取り，理解することがポイントになります。
よく出る質問と応答，話者の状況・気持ちとその受け答えなどを確認しましょう。

● **誘う・提案する表現とその応答**

Why don't we 〜？ / How about *do*ing 〜？　〜しませんか [〜するのはどうですか]。
— Great idea.　いい考えですね。

● **感想を尋ねる表現とその応答**

How was 〜？　〜はどうでしたか。— Not very good.　あまりよくなかったです。
— I had a good [great] time. / I had (a lot of) fun. / I (really) enjoyed it.　（とても）楽しかったです。

● **話者の状況・気持ち**

I hope we can do well in the play.　劇がうまくいくといいな。〈不安〉
— Don't worry. We practiced hard.　心配しないで。私たちは一生懸命練習したよ。〈励まし〉
— I hope so, too.　そうだといいね。〈同意〉　⇔　I hope not.　そうでないといいな。

● **そのほかに覚えておきたい表現**

Sorry about that.　ごめんなさい。　Just a little.　少しだけ。
Just a moment [minute]. / Wait a moment [minute].　ちょっと待って。

そのほかに，筆記 2 の問題では，No, but（　）.「いいえ，でも（　）」や，（　）, but 〜.「（　）だけど，〜」のように，文の一部が空所になることもあるので，覚えておきましょう。

やってみよう！

解答解説 ⇒ 別冊 p.13

次の (1) から (3) までの会話について，（　）に入れるのに最も適切なものを **1**，**2**，**3**，**4** の中から一つ選び，その番号のマーク欄をぬりつぶしなさい。

(1)　***Mother:*** How was your math test, Steve?

　　Son: (　　　) I made some mistakes.

1　I had a lot of fun.

2　Hurry up.

3　Not very good.

4　I'm feeling better.

(2)　　***Wife:*** I want to do something different this winter.　Why don't we go skiing?

Husband: (　　　) I'll find a place to stay.

1　I hope not.

2　Let's stay at home.

3　I really enjoyed it.

4　Great idea.

(3)　***Boy:*** I'm very nervous because I have a speech contest tomorrow.

　Girl: (　　　) I'm sure you'll do well.

1　Just a moment.

2　Don't worry.

3　My teacher gave it to me.

4　I studied all weekend.

(1)	(2)	(3)
① ② ③ ④	① ② ③ ④	① ② ③ ④

15 ~ 16 チェックテスト

解答解説 ➡ 別冊 p.13 〜 14

次の (1) から (6) までの会話について，（　）に入れるのに最も適切なものを **1**，**2**，**3**，**4** の中から一つ選び，その番号のマーク欄をぬりつぶしなさい。

(1)　　　*Wife:* Could you put some milk in my coffee?
Husband: Sure. （　　　）
　　　Wife: Just a little, thank you.

1　How do you like it?
2　How long will it take?
3　How much do you need?
4　What kind do you like?

(2)　　　*Man:* How was your trip to Canada?
Woman: （　　　） I visited my friend and she took me to many places.

1　I'm leaving tomorrow.
2　I had a great time.
3　I had a cold.
4　I was at home then.

(3)　　　*Mother:* Are the blankets I washed this morning dry now?
Daughter: I don't know. （　　　）
　　　Mother: Yes, please.

1　What size would you like?
2　Do you want me to go and check?
3　How is the weather?
4　What about shoes?

(1)	(2)	(3)
① ② ③ ④	① ② ③ ④	① ② ③ ④
Lesson 15	Lesson 16	Lesson 15

ここを見直し！

(4) **Boy:** Cindy, can you give me my book back? I need it next week.

Girl: (   ) I'll bring it to school tomorrow.

1 Sorry about that.

2 That's an interesting idea.

3 I can lend you one.

4 I haven't decided yet.

(5)   **Son:** I'm tired of studying for the test.

Father: (   )

     Son: Good idea. I'll do that now.

1 When is the test?

2 What time did you start?

3 How is your cold?

4 Why don't you go for a walk?

(6) **Woman 1:** How was your weekend?

Woman 2: I went to Rainbow Lake with my sons. (   ) but we enjoyed riding our bikes around the lake.

1 You should go there,

2 We stayed at home instead,

3 We had a little rain,

4 I was too busy to go,

(4)	(5)	(6)
① ② ③ ④	① ② ③ ④	① ② ③ ④
Lesson 16	Lesson 15	Lesson 16

掲示（お知らせ）を読む

ここからは読解問題のレッスンです。筆記3Aでは，**掲示（お知らせ）を読んで質問に答える問題**が出題されます。

まずは，掲示のどこに何が書かれているかを確認します。タイトルと導入部分から，「だれからだれへのお知らせか」と，「書かれた目的」を読み取りましょう。

タイトルを読もう！
だれからだれへのお知らせかな？

タイトル

Notice to Band Members

Notice to ～ は「～へのお知らせ」
Notice from ～ だと「～からのお知らせ」

お知らせの目的は導入部分にある！

導入

There are some changes for our school band practice
└ 何か変更があることがわかる   └ 話題は「来月の学校バンドの練習」
next month. Please read this notice and tell the club members.

箇条書き

Now (in April)	⇒	From Monday, May 2
Place: Music Room		Gym (on stage)
Time: 3 p.m. to 5 p.m.		4 p.m. to 6 p.m.
Teacher: Mr. Huston		Ms. Clark

項目ごとに情報が書かれる部分

補足情報

Other students will use the gym at the same time (the basketball club from 4 to 5 p.m. and the table tennis club from 5 to 6 p.m.), but we will only use the stage. Ms. Clark will come to our practice on April 23, so please don't miss that day's practice!

箇条書き部分の補足や追加事項，問い合わせ先などについて書かれる

※p.56「やってみよう！」では，同じ英文を使った別の設問に挑戦します。訳は別冊の解答解説に掲載しています。

このお知らせについて，基本情報を確認しましょう。

だれへのお知らせ？
➡ タイトルから，バンドメンバーへのお知らせ。

お知らせの目的は？
➡ 導入部分から，来月の学校バンドの練習の変更を伝えるため。

次に，設問形式を見ていきます。**どこに解答となる情報があるか**を掲示からすばやく探すことがポイントです。本文中での言い換えや，本文から設問への言い換えにも注意しましょう。

Notice to Band Members

〔話題〕 　〔来月に変更あり〕

There are some changes for <u>our school band practice</u> next month. Please read this notice and tell the club members.

〔old ⇒ new ⇒ ❷〕 　〔来月とは5月のこと➡❶〕

old	⇒	new ➡ ❷
Now (in April)	⇒	**From Monday, May 2**
Place: Music Room		Gym (on stage) ➡ 場所の変更
Time: 3 p.m. to 5 p.m.		4 p.m. to 6 p.m. ➡ 練習時間の変更
Teacher: Mr. Huston		Ms. Clark ➡ 先生の変更

〔同じ名前！➡❷〕

Other students will use the gym at the same time (the basketball club from 4 to 5 p.m. and the table tennis club from 5 to 6 p.m.), but we will only use the stage. Ms. Clark **will come to our practice on April 23**, so please don't miss that day's practice!

設問は**文を完成させる**パターンと，**質問に合う答えを選ぶ**パターンがあります。

❶ 文を完成させるパターンの例：

〔質問〕 **In May, the school band will** ⇐ この続きとして適切な語句を選ぶ
5月に，学校バンドは

〔解答〕 **have some changes for their practice.** ⇐ next month = in May のような言い換えを見抜けるかがポイント
練習において変更がいくつかあります。

❷ 質問に合う答えを選ぶパターンの例： the new teacher = Ms. Clark の言い換えを見抜こう

〔質問〕 **When will the new teacher visit the band practice?**
新しい先生はいつバンドの練習に来ますか。

〔解答〕 **On April 23.** ⇐ On May 2. ではないので注意！
4月23日に。

◆ 掲示・お知らせでよく使われる表現 ◆

箇条書き部分	When / Date / Time	日時	Where / Place	場所
	Ticket Price	チケット料金	What to bring	持ち物
補足情報部分	If you have any questions, please call （人）at (333-1234) by （期限）.			
	質問があれば，（期限）までに（人）に（333-1234）まで電話をしてください。			

やってみよう！

解答解説 ⇒ 別冊 p.14 〜 15

次の掲示の内容に関して，(1) と (2) の質問に対する答えとして最も適切なもの，または文を完成させるのに最も適切なものを **1**，**2**，**3**，**4** の中から一つ選び，その番号のマーク欄をぬりつぶしなさい。

Notice to Band Members

There are some changes for our school band practice next month. Please read this notice and tell the club members.

	Now (in April)	⇒	**From Monday, May 2**
Place:	Music Room		Gym (on stage)
Time:	3 p.m. to 5 p.m.		4 p.m. to 6 p.m.
Teacher:	Mr. Huston		Ms. Clark

Other students will use the gym at the same time (the basketball club from 4 to 5 p.m. and the table tennis club from 5 to 6 p.m.), but we will only use the stage. Ms. Clark will come to our practice on April 23, so please don't miss that day's practice!

---

(1) From May 2, band members will
   1 meet in the music room.
   2 start practice at 4 p.m.
   3 play in a music contest.
   4 watch some sports games.

(2) What will happen on April 23?
   1 The school festival will be held.
   2 Ms. Clark will leave the school.
   3 There will be a concert at the gym.
   4 Club members will meet a different teacher.

(1)	(2)
① ② ③ ④	① ② ③ ④

筆記3Bでは，2～3通のEメール，または手紙を読んで質問に答える問題が出題されます。問題数は3問で，Eメールの場合，設問は各メールから1，2問出される傾向にあります。

まずは，Eメールの形式を確認しましょう。ヘッダーと本文の冒頭から，「だれからだれへのEメールか」と「書かれた目的」を読み取ります。

From: Melissa Thompson　➡送信者
To: Rose Wilson　➡受信者
Date: December 20　➡日付（送信日）
Subject: Christmas event　➡件名（＝話題）
クリスマスイベント

> ヘッダー

> FromとToから，だれからだれへのEメールかがわかる

> Subjectや本文の冒頭にメールの話題がある

> Eメールの受け手

Hi **Rose**,

> 「今度の土曜日のクリスマスイベント」＝話題

I'm very excited about the Christmas event next Saturday. I'm sorry you couldn't come to school today because of your cold. Our class talked about the doughnut sale for the event.

> 伝えたいことは最初のほうに書かれる
> ↓
> Eメールの目的

中　略

Love,
Melissa

> 本文は書いた人の名前で終わる

※p.60「やってみよう！」では，同じEメールを使った別の設問に挑戦します。訳は別冊の解答解説に掲載しています。

このEメールについて，基本情報を確認しましょう。

話題は？
➡件名と本文の冒頭から，今度の土曜日のクリスマスイベント。

書かれた目的は？
➡そのあとの内容から，クラスで話し合ったドーナツ販売について，学校を休んだローズに報告するため。

以下は，ローズからメリッサへの**返信メール**です。設問の解き方のコツを見てみましょう。

From: Rose Wilson
To: Melissa Thompson
(ローズからメリッサへの返信メール)
Date: December 20
Subject: Much better
(件名もチェック！ 具合がよくなったと予想できる)

Hi **Melissa**,
Thank you for your e-mail. （中略） I can't wait for the Christmas event!
I've never sold food or drinks at an event, so **it'll be exciting**. I
think we will need more sellers ...
(so の前が理由)
(質問に含まれる語句を手がかりにする)

質問を読んで，**質問に含まれる語句と同じ，もしくは似た表現**を本文中から探しましょう。

(本文では exciting で表されている)

質問 **Why** is Rose **excited** about the doughnut sale?
なぜローズはドーナツ販売にわくわくしていますか。

解答 **It will be her first time to sell food.** ➡本文の so の前が理由
(本文中の I've never sold food or drinks at an event の言い換え！)
食べ物を売るのは彼女にとって初めてです。

手紙の場合も，本文の冒頭に話題や目的が書かれます。

(手紙を書いた日)

August 25

(Dear から，だれへの手紙かがわかる)

Dear David,
(簡単なあいさつのあと，近況を伝えることが多い)
　　Thank you for your letter. It's winter in Sydney now, right? Is it
cold? In Japan, my vacation will be over soon, but I haven't finished
my homework! ...

中 略

Your friend,
Satoshi
(結びの言葉と書いた人の名前で終わる)

※p.68「チェックテスト」では，同じ手紙文を使った問題に挑戦します。訳は別冊の解答解説に掲載しています。

◆ Eメール・手紙でよく使われる表現 ◆

冒頭	Thank you for ～.	～をありがとう。
	Dear ～,	親愛なる～へ,
結びの言葉	See you soon. / Take care.	じゃあね。
	Love,	愛を込めて,
	Your friend,	あなたの友達,

やってみよう！

解答解説 ➡ 別冊 p.15 〜 16

次のEメールの内容に関して，(1) から (3) までの質問に対する答えとして最も適切なもの，または文を完成させるのに最も適切なものを **1**，**2**，**3**，**4** の中から一つ選び，その番号のマーク欄をぬりつぶしなさい。

From: Melissa Thompson
To: Rose Wilson
Date: December 20
Subject: Christmas event

Hi Rose,

I'm very excited about the Christmas event next Saturday. I'm sorry you couldn't come to school today because of your cold. Our class talked about the doughnut sale for the event. We've decided to prepare 100 doughnuts! We will try to sell 40 in the morning, and 60 in the afternoon. If there are some left, we can take them home to eat. John said it's a good idea to sell some juice, too, and we all agreed. He and some other boys will prepare drinks to sell, so girls don't have to do anything for that. Half of the girls will make doughnuts in the cafeteria, and the other half will be doughnut sellers. Boys will carry things and sell drinks. I hope you'll get better and come to school tomorrow.

Love,
Melissa

From: Rose Wilson
To: Melissa Thompson
Date: December 20
Subject: Much better

Hi Melissa,

Thank you for your e-mail. I was in bed all day, and I'm feeling better now. I'm sure I can go to school tomorrow. I can't wait for the Christmas event! I've never sold food or drinks at an event, so it'll be exciting. I think we will need more sellers late in the afternoon because we will be very busy. People will get hungry a few hours after lunch! Anyway, you are the leader of sellers in the morning, and I am the one in the afternoon, so let's see how it'll go and work together!

See you tomorrow,

Rose

(1) How many doughnuts will Melissa's class prepare for the Christmas event?

  1 Twenty.

  2 Forty.

  3 Sixty.

  4 A hundred.

(2) John's idea was

  1 to take some doughnuts home.

  2 to sell drinks at the event.

  3 to buy doughnuts from a shop.

  4 to carry doughnuts from the cafeteria.

(3) Why will more sellers be needed late in the afternoon?

  1 They will be busy selling doughnuts.

  2 They will start selling drinks.

  3 Some classmates will go home.

  4 There will be no leader of the sellers.

(1)	(2)	(3)
① ② ③ ④	① ② ③ ④	① ② ③ ④

単熟語

文法

会話表現

長文読解

ライティング

リスニング

筆記 3C では，**説明文を読んで質問に答える問題**が出題されます。出題される文章のテーマは，「人物の生涯」「海外のイベント・祭り」「特定の物や場所」が多いです。

ここでは，タイの変わったお祭りに関する文章を読んでみましょう。説明文では，まず**タイトルと本文冒頭**から，**文章のテーマ**をつかみます。

> タイトルから「サルのお祭り」
> に関する文章だとわかる

Monkey Festival

Every year, on the last Sunday of November, many people visit the village of Lopburi in Thailand for a special event. （中略） On this day, about 3,000 monkeys that live in the area are invited to a great meal. A lot of vegetables, fruits, and sweets are prepared. Usually, these monkeys cause problems in the village. **However**, on this day, they are too busy eating to do such things.

> However に続く部分に書き手の伝えたいことがある

お祭りや物事について説明する文章では，第1段落にたいてい，概要が書かれる。

※p.64「やってみよう！」では，同じ英文を使った別の設問に挑戦します。訳は別冊の解答解説に掲載しています。

つなぎ言葉に注目して，文章の流れをつかみましょう。以下は代表的なものです。**リスニングでも重要**なので，しっかりと押さえておきましょう。

逆接を表す	however	しかしながら	but	しかし
	instead	代わりに	although ～ , ...	～だけれども…
理由を表す	because ～	（なぜなら）～だから	because of ～	～のために
結果を表す	～ , so ...	～なので，…	so ～ that ...	とても～なので…
	too ～ to ...	あまりに～なので…できない，…するには～すぎる		

上の文章の However の役割を見てみましょう。

Usually, these monkeys cause problems in the village.

➡ ふだん，これらのサルは村で問題を起こす。

However, on this day, they are too busy eating to do such things.

前の文とは反対の状況

= cause problems

➡ この日（＝お祭りの日）はサルたちは食べるのに忙しくて問題を起こさない。

下の英文は同じ文章の第2段落の一部です。設問の解き方のコツを見てみましょう。

時系列に沿って，起源や始まったきっかけなどが説明される。

お祭りが始まった年❶

The Lopburi Monkey Festival began in 1989. （中略） People say that a local hotel started this festival. The hotel used a monkey as its symbol, and more people came to stay there. **The hotel owner wanted to thank the monkeys, and started this festival.** Now, it is an official event.

お祭りを始めた人物❷

質問の疑問詞で本文のどこに着目すればよいかがわかります。

Who 〜 ? ➡ 本文中の「人物」に関する部分（人名，teacher，owner，chef など）

When 〜 ? ➡ 本文中の「時」を表す表現（in 1989，in the 19th century など）

Where 〜 ? ➡ 本文中の「場所」を表す表現（in Thailand，moved to America など）

Why 〜 ? ➡ 本文中の「理由，結果，目的」に関する部分（手がかりは because や so，目的を表す to 不定詞など）

質問❶ **When did the festival start?** いつお祭りは始まりましたか。
➡「お祭りの開始」と「時」に関する表現を本文中から探す。

解答 **In 1989.** 1989 年に。

What happened in 1989?「1989 年に何がありましたか」という質問なら，正解は The festival for monkeys began.「サルのためのお祭りが始まりました」のようになります。

質問❷ **Who started the festival?** だれがお祭りを始めましたか。
➡「お祭りの起源」と「人物」に関する表現を本文中から探す。

選択肢 1 **A chef at a restaurant.** レストランのシェフ。
2 **A tourist who visited the village.** 村を訪れた1人の観光客。
3 **A man who was studying monkeys.** サルを研究していた男性。
4 **The owner of a hotel in the village.** 村のホテルのオーナー。◀答え！

本文 The hotel owner ⇒選択肢 The owner of a hotel の言い換え

筆記3Cの設問は5つで，基本的に英文に書かれている順で問われます。

5問目に **What is this story about?**「この文章は何についてですか」という質問が出ることがよくあります。このタイプの問題は**本文全体を理解する**必要があります。タイトルをもう一度見て，選択肢を1つずつ読んで正誤を判断しましょう。

やってみよう！

解答解説 ➡ 別冊 p.16 ～ 17

次の英文の内容に関して，(1) から (5) までの質問に対する答えとして最も適切なもの，または文を完成させるのに最も適切なものを **1**，**2**，**3**，**4** の中から一つ選び，その番号のマーク欄をぬりつぶしなさい。

Monkey Festival

Every year, on the last Sunday of November, many people visit the village of Lopburi in Thailand for a special event. The event is called the Lopburi Monkey Festival or the Monkey Buffet* Festival. On this day, about 3,000 monkeys that live in the area are invited to a great meal. A lot of vegetables, fruits, and sweets are prepared. Usually, these monkeys cause problems in the village. However, on this day, they are too busy eating to do such things.

The Lopburi Monkey Festival began in 1989. Although the festival has a short history, the people of Lopburi have lived with the monkeys for hundreds of years. Monkeys are believed to bring good luck. In fact, they are an important tourist attraction.* People say that a local hotel started this festival. The hotel used a monkey as its symbol, and more people came to stay there. The hotel owner wanted to thank the monkeys, and started this festival. Now, it is an official event.

On the morning of the festival, people start putting food and flowers on many tables. Fruits and vegetables are put in the shape of mountains. The amount of food given to the monkeys during the festival can be more than four tons.

Visitors can also enjoy Lopburi Monkey Festival. They can see dancers dancing to music in monkey costumes. There are also different kinds of Thai food for humans that people can buy. The festival is for people and monkeys to enjoy together.

*Buffet：ビュッフェ（バイキング形式の食事）
*attraction：呼び物

(1) At Lopburi Monkey Festival,
  1 people celebrate the history of Thailand.
  2 people are invited to monkeys' mountains.
  3 monkeys make trouble in the village.
  4 monkeys come to the village for a big meal.

(2) Why did the owner of the hotel start the festival?
  1 To thank the monkeys for helping his business.
  2 To use monkeys as a symbol of the hotel.
  3 To show people how monkeys are kind.
  4 To celebrate the anniversary of the hotel.

(3) What are put on the tables?
  1 Photos of mountains.
  2 A symbol of the village.
  3 Food and flowers.
  4 A lot of money.

(4) What can visitors do at the festival?
  1 Take a Thai cooking class.
  2 See dancers in monkey costumes.
  3 Buy and sell old clothes.
  4 Learn the local language.

(5) What is this story about?
  1 The food monkeys like.
  2 Interesting food events in the world.
  3 A festival for monkeys in Thailand.
  4 A famous hotel in Thailand.

(1)	(2)	(3)	(4)	(5)
① ② ③ ④	① ② ③ ④	① ② ③ ④	① ② ③ ④	① ② ③ ④

次の掲示の内容に関して，(1) と (2) の質問に対する答えとして最も適切なもの，または文を完成させるのに最も適切なものを **1**，**2**，**3**，**4** の中から一つ選び，その番号のマーク欄をぬりつぶしなさい。

Event at Jonathan's Bookstore

Loanna Lewis, one of the best picture book writers, won an award for her newest book *Why Not?*. To celebrate this, we have invited Ms. Lewis for a special event.

Date: November 20
Time: 1 p.m. to 3 p.m.
Place: At the children's section on the first floor

Schedule

1:00 p.m.　Talk by Ms. Lewis – "How to write stories"
2:00 p.m.　Question and answer time
2:30 p.m.　Book signing

This is a free event and no tickets are needed. Just bring one of your favorite books written by Ms. Lewis for the book signing. Or please buy *Why Not?* at the children's section on the day.

(1) On November 20, at 1 p.m., people can

    1 talk to the store owner.

    2 learn about writing stories.

    3 ask Ms. Lewis questions.

    4 take drawing lessons.

(2) What can people get at the children's section?

    1 A free drink.

    2 A toy for children.

    3 A ticket to the event.

    4 Ms. Lewis' newest book.

(1)	(2)
① ② ③ ④	① ② ③ ④
Lesson 17	Lesson 17

ここを見直し！

次の手紙文の内容に関して，(3) から (5) までの質問に対する答えとして最も適切なもの，または文を完成させるのに最も適切なものを **1**，**2**，**3**，**4** の中から一つ選び，その番号のマーク欄をぬりつぶしなさい。

August 25

Dear David,

Thank you for your letter. It's winter in Sydney now, right? Is it cold? In Japan, my vacation will be over soon, but I haven't finished my homework! You said your winter vacation is two weeks long, but my summer vacation is more than one month. I like school very much, so I can't wait to go back to school.

I like the pictures you sent me by e-mail. I showed them to my parents. They were glad that I had a great time in Sydney. Your family took me to many interesting places. I especially enjoyed the night zoo. It was a great chance to see animals that are active at night.

I liked the food in Australia. My favorite was fish and chips. I hope I can find a place that serves fish and chips in Japan. I remember we went to a Japanese restaurant for dinner. I was surprised that there were so many Japanese restaurants in your country. I think Japanese food is popular because it is healthy. Also, traditional Japanese dishes often look beautiful.

By the way, did you know I like cooking? When I saw the sushi chef working in that Japanese restaurant, I thought it was cool to work overseas as a chef. Now, I'm planning to go to a cooking school. Maybe I can make some Japanese dishes for you when we meet next time!

Your friend,
Satoshi

(3) Satoshi says that

1 he has already finished his summer homework.

2 he likes winter vacation better than summer vacation.

3 his vacation is shorter than David's.

4 he is looking forward to going to school soon.

(4) What did Satoshi enjoy most during his stay in Australia?

1 Studying at David's school.

2 Visiting a zoo at night.

3 Taking photos of the city.

4 Making fish and chips.

(5) What does Satoshi want to do when he meets David again?

1 Go to cooking school together.

2 Learn English from David.

3 Cook something for David.

4 Take David to a sushi restaurant.

(3)	(4)	(5)
① ② ③ ④	① ② ③ ④	① ② ③ ④
Lesson 18	Lesson 18	Lesson 18

ここを見直し！

次の英文の内容に関して，(6) から (10) までの質問に対する答えとして最も適切なもの，または文を完成させるのに最も適切なものを **1**，**2**，**3**，**4** の中から一つ選び，その番号のマーク欄をぬりつぶしなさい。

Joanne Siegel

Superman is one of the most famous characters in comics and movies. Many people know about this hero with superpowers, but few people remember his girlfriend, Lois Lane. In the story, Lois is a journalist* who works hard to get fresh news. She later becomes Superman's wife. This important character was born with the help of a woman. Her name is Joanne Siegel.

The Superman series was written by two young artists, Joe Shuster and Jerry Siegel, during the 1930s. Joe was working on a new comic character, Superman. One day in 1935, in a newspaper, he saw an advertisement* by a high school girl who wanted a job as a model. That was Joanne. Then, she started to work as the model for Lois.

Joanne was asked to take interesting poses.* For example, in the story, Superman carries Lois while he is flying. To make this scene, Joanne took a funny pose over the arms of a chair. Joe also used Joanne's hairstyle and other parts of her body. In 1938, Joe and Jerry sold the copyright* of Superman to a company, and the comic series started. It was a big success. Ten years later, Joanne met Jerry again and married him.

Joanne had different jobs after marrying. However, her hardest work was getting back the copyright of Superman to Joe and Jerry. The two artists did not make money from Superman without the copyright. The Siegel family was poor, but Joanne did not stop fighting. She finally won the copyright back in 2008. It was twelve years after her husband died in 1996.

*journalist：ジャーナリスト，報道記者
*advertisement：広告
*pose：姿勢，ポーズ
*copyright：著作権

(6) In the Superman story, Lois Lane

1 works hard to make a movie.

2 was born with superpowers.

3 gets news as a journalist.

4 helps her husband with his job.

(7) How did Joe know about Joanne?

1 He found her in a newspaper.

2 He met her in high school.

3 Joanne contacted him to get a job.

4 Joanne was his friend's wife.

(8) When did Joanne and Jerry get married?

1 In 1935.

2 In 1938.

3 In 1948.

4 In 1996.

(9) What happened to Joanne after she married?

1 A company gave her a job as a comic writer.

2 Her family became rich with the money from Superman.

3 She had a big fight against her husband.

4 She worked hard to get back the copyright of Superman.

(10) What is this story about?

1 A woman who married a famous actor.

2 The model of an important character.

3 A superhero loved by many children.

4 A famous comic written by a woman.

(6)	(7)	(8)	(9)	(10)
① ② ③ ④	① ② ③ ④	① ② ③ ④	① ② ③ ④	① ② ③ ④

ここを見直し！ ▶ | Lesson 19 | Lesson 19 | Lesson 19 | Lesson 19 | Lesson 19

[筆記 4] ライティング（E メール）

筆記 4 のライティング（E メール）では，E メールを読んで，それに対する返信メールを 15 語～25 語を目安に書きます。E メールには質問（下線部）が 2 つあり，返信メールには，それらの**質問への返事を含める必要があります**。

まずは，メールの読み方と，質問への答え方を見てみましょう。

Hi,

この部分から**メールの話題**をつかむ。
→あなたが夏休みにロンドンに行ったことを想像しよう

Thank you for your e-mail.
I heard that you went to London during the summer vacation. I want to know more about it. **How long did you stay in London?** And **what did you enjoy doing there?**

この 2 つの下線部の質問に答える。
→自分がロンドンに行ったと仮定して，自由に考えて書く

Your friend,
Sam

こんにちは，
メールをありがとう。
夏休み中にロンドンに行ったらしいね。それについてもっと知りたいな。ロンドンにはどれくらい滞在したの？　そこで何をして楽しんだの？
君の友達，サム

メールの内容は架空の設定です。サムの友達になったつもりでメールを読みましょう。ロンドンに行ったと仮定して，自由に考えて書きます。

1 つ目の質問…**How long ～ ?** に対して，ロンドンに滞在した**期間**を答える

例 **I stayed in London for a week.** 1 週間ロンドンに滞在したよ。
└ for「～の間」を使って期間を答える

2 つ目の質問…**What did you enjoy ～ ?** に対して，滞在中に**楽しんだこと**を答える

例 **I enjoyed shopping in a large mall.** 大きなショッピングモールで買い物をして楽しんだよ。
└ ロンドンがどんなところかよく知らなくても，街でできそうなことを自由に想像して書けばよい

別の質問と解答例も見てみましょう。

How was the weather? ⇒ **The weather was nice.**
天気はどうだった？　　　　　　　　　天気はよかったよ。

Why did you go to London? ⇒ **I went to London to see my father's friend.**
どうしてロンドンに行ったの？　　　父親の友達に会いにロンドンに行ったんだ。

やってみよう!

解答解説 ➡ 別冊 p.20 ～ 21

1 あなたは友達の Jack からメールをもらいました。メールを読んで,下線部の2つの質問に対し,それぞれ1文ずつ答えましょう。

Hi,

Thank you for your e-mail.
I heard that you bought a book for Tim's birthday. I want to know more about it. (1)What kind of book did you buy? (2)And how much was it?

Your friend,
Jack

---

(1) _____

(2) _____

2 あなたは友達の Jenny からメールをもらいました。メールを読んで,下線部の2つの質問に対し,それぞれ1文ずつ答えましょう。

Hi,

Thank you for your e-mail.
I heard that you won the piano contest. I want to know more about it. (1)When did you start playing the piano? (2)And how many hours do you practice every day?

Your friend,
Jenny

---

(1) _____

(2) _____

単語・熟語 文法 会話表現 長文読解 ライティング リスニング

情報をつけ足して自然な流れにする

E メール問題の解答では，2 つの質問に対する返事を書くだけでなく，15 語〜 25 語の範囲で返信メールとして自然な流れになっているかが重要です。

メール全体をどのように書けばよいかを見てみましょう。返信メールの解答欄は次のようになっています。

Hi, Sam!

Thank you for your e-mail.

> これは語数に含めない。
> 解答はこの「メールをありがとう」に続くように書き始める

解答欄に記入しなさい。

Best wishes,

---

2 つの質問への返事を書いて 15 語〜 25 語にならない場合，情報をつけ足して文章を長くする必要があります。次の 2 つの方法を見てみましょう。

❶ 質問に対する返事をより詳しく書く

例えば合格レッスン 20 の天気についての返事は，「よかった」だけではなく，もう少し情報をつけ加えます。

How was the weather? ⇒ **The weather was nice.　It was not very hot.**

天気はどうだった？　　　　　　　　　天気はよかったよ。あまり暑くなかったよ。

> より詳しく書く

❷ 感想などを一言入れる

2 つの質問の返事を書くだけでなく，話題（相手が知りたいこと）について一言（感想や感情表現など）入れると，返信メールとして自然になります。

合格レッスン 20 の問題の解答例を 2 通り見てみましょう。

解答例 1

(Thank you for your e-mail.)　I stayed in London for a week.　I enjoyed shopping.　There was a large shopping mall near my hotel. [19 語]

└ 返事をより詳しく

（メールをありがとう。）1 週間ロンドンに滞在したよ。買い物を楽しんだよ。ホテルの近くに大きいショッピングモールがあったんだ。

> 解答全体を 3 〜 4 文で書く練習をしましょう

解答例 2

└ 話題について一言

(Thank you for your e-mail.)　I had a great time in London!　I stayed there for ten days.　I enjoyed shopping in a large mall. [20 語]

（メールをありがとう。）ロンドンでは楽しい時を過ごしたよ！　そこに 10 日間滞在したよ。大きなショッピングモールで買い物をして楽しんだよ。

やってみよう！

解答解説 ➡ 別冊 p.21 〜 22

- あなたは，外国人の友達（Kevin）から以下の E メールを受け取りました。E メールを読み，それに対する返信メールを，□□に英文で書きなさい。
- あなたが書く返信メールの中で，友達（Kevin）からの 2 つの質問（下線部）に対応する内容を，あなた自身で自由に考えて答えなさい。
- あなたが書く返信メールの中で□□に書く英文の語数の目安は，15 語〜 25 語です。
- 解答欄の外に書かれたものは採点されません。
- 解答が友達（Kevin）の E メールに対応していないと判断された場合は，0 点と採点されることがあります。友達（Kevin）の E メールの内容をよく読んでから答えてください。
- □□の下の Best wishes, の後にあなたの名前を書く必要はありません。

Hi,

Thank you for your e-mail.
I heard that you took a free lesson for children at a cooking school.
I want to know more about it. How long was the lesson? And what did you cook?

Your friend,
Kevin

Hi, Kevin!

Thank you for your e-mail.

解答欄に記入しなさい。

Best wishes,

解答欄

・・・

・・・

・・・

✓ 解答は次の観点でチェックしましょう。

- ☐ 2 つの質問に答えているか。
- ☐ 返信メールとして自然な流れになっているか。
- ☐ 文法は正しいか。
- ☐ 15 語〜 25 語程度で書けているか。
- ☐ 適切な語彙が使えているか。
- ☐ つづりは正しいか。

自分の考えを英文で書く

筆記 5 のライティング（英作文）では，QUESTION（与えられた質問）を読んで，「あなたの考え」と「その理由 2 つ」を 25 語〜 35 語を目安に書きます。

まずは，解答の 1 文目となる「あなたの考え」の書き方を見ていきましょう。解答の 1 文目には，QUESTION に対する自分の考えを簡潔に書きます。

疑問文への応答は E メール問題（合格レッスン 20）でも学びましたが，次のような違いがあります。

E メール：メールをもらった人物の立場になって自由に考えて書く。

英作文：あなた自身のこと（考え・意見）を書く。

> **QUESTION**
>
> Which do you like better, A or B? で「A と B とでは，どちらのほうが好きですか」という意味
>
> **Which do you like better, going to big cities or staying in nature?**
> あなたは都会へ行くことと自然の中にいることとでは，どちらのほうが好きですか。
>
> ⬇ QUESTION の表現を利用して書く
>
> **解答例**（1 文目＝あなたの考え）
>
> 好きなほうを答える
>
> **I like going to big cities better than staying in nature.**
> 私は自然の中にいるよりも都会へ行くことのほうが好きです。

QUESTION は疑問詞がポイントとなるので，意味をしっかりと理解しましょう。

❶ What animal do you want to have? あなたは何の動物を飼いたいですか。

➡ 飼いたい動物を答える：**I want to have＋動物.** 私は〜を飼いたいです。

What 〜 do you like the best?「何の〜がいちばん好きですか」→ **I like 〜 the best.**「私は〜がいちばん好きです」の形も覚えよう。

❷ Which country would you like to visit? あなたはどの国を訪れてみたいですか。

➡ 行ってみたい国を答える：**I would like to visit＋国名.** 私は〜を訪れてみたいです。

❸ Where do you want to go on your next vacation?

あなたは次の休暇にどこへ行きたいですか。

➡ 休暇で行きたい場所を答える：**I want to go to＋場所.** 私は〜に行きたいです。

❹ What kind of movies do you often watch? あなたはどんな種類の映画をよく見ますか。

➡ よく見る映画の種類を答える：**I often watch＋映画の種類.** 私は〜をよく見ます。

❺ Do you like reading books? あなたは読書が好きですか。

➡ 好きか好きでないかを Yes または No を使って答える：

好きな場合：**Yes, I do.** はい，好きです。

好きではない場合：**No, I don't.** いいえ，好きではありません。

やってみよう！

解答解説 ⇒ 別冊 p.22

次の (1) から (5) までの質問に対し，「あなたの考え」を１文で書きましょう。(5) は Yes, I do. または No, I don't. で答えましょう。

(1) *What subject do you like the best?*

_____

(2) *Which country would you like to visit?*

_____

(3) *What kind of movies do you often watch?*

_____

(4) *Which do you like better, watching TV or reading books?*

_____

(5) *Do you like going shopping?*

_____

実際の解答では，理由を２つ挙げることが求められます。ここで書いた「あなたの考え」のあとに，First, ... Second, ... などを使って，２つの理由を順に説明していく必要があります。詳しくは次のレッスンで学びます。

【筆記5】ライティング（英作文）

次に，2つの理由の書き方を見ていきましょう。決まった表現を覚えておくと便利です。2つの理由を，First,（理由1），Second,（理由2）の形で書くと，相手に伝わりやすい文章になります。

QUESTION

Which do you like better, going to big cities or staying in nature?
あなたは都会へ行くことと自然の中にいることとでは，どちらのほうが好きですか。

解答例
I like going to big cities better.

第1に，（1つ目の理由）
First, I like art and big cities have many museums.

第2に，（2つ目の理由）
Second, I'm a baseball fan. I often go to cities to watch games. (30語)

私は都会へ行くことのほうが好きです。第1に，私は芸術が好きで，都会には多くの美術館があります。第2に，私は野球ファンです。私は試合を見によく都会へ行きます。

このほかに，以下の2通りの書き方が典型です。これらもぜひ覚えておきましょう。

❶ **I like going to big cities better because they have many museums. Also, ...**
都会には多くの美術館があるので，私は都会へ行くことのほうが好きです。また，…。
➡ because を使って1文目に理由を含める。そのあと，Also,「また，」を使って2つ目の理由を説明する。

理由が2つあります

❷ **I like going to big cities better. I have two reasons. First, ... Second, ...**
私は都会へ行くことのほうが好きです。理由が2つあります。第1に，…。第2に，…。
➡ 「理由が2つあります」と前置きしてから，First, ... Second, ... の形で2つの理由を具体的に書くこともできる。

✓最後に，英文が完成したら，次のポイントをチェックしましょう。
☐ QUESTION で示された質問に対応した内容になっているか。
☐ 適切な接続詞などを使って，自分の考え→1つ目の理由→2つ目の理由の構成になっているか。
☐ 適切な語彙・文法を用いているか。
☐ つづりは正しいか。
☐ 25語〜35語程度で書けているか。

やってみよう！

解答解説 ➡ 別冊 p.23

- あなたは，外国人の友達から以下の QUESTION をされました。
- QUESTION について，あなたの考えとその<u>理由を 2 つ</u>英文で書きなさい。
- 語数の目安は 25 語～ 35 語です。
- 解答欄の外に書かれたものは採点されません。
- 解答が QUESTION に対応していないと判断された場合は，<u>0 点と採点される</u>ことがあります。
  QUESTION をよく読んでから答えてください。

QUESTION

Which do you like better, playing sports or watching sports?

解答欄

(1)

● あなたは，外国人の友達（Melissa）から以下の E メールを受け取りました。E メールを読み，それに対する返信メールを，□に英文で書きなさい。

● あなたが書く返信メールの中で，友達（Melissa）からの 2 つの質問（下線部）に対応する内容を，あなた自身で自由に考えて答えなさい。

● あなたが書く返信メールの中で□に書く英文の語数の目安は，15 語～ 25 語です。

● 解答欄の外に書かれたものは採点されません。

● 解答が友達（Melissa）の E メールに対応していないと判断された場合は，0 点と採点されることがあります。友達（Melissa）の E メールの内容をよく読んでから答えてください。

● □の下の Best wishes, の後にあなたの名前を書く必要はありません。

Hi,

Thank you for your e-mail.
I heard that you went on a school trip last month. I want to know more about it. Where did you go for the school trip? And how long did you stay there?

Your friend,
Melissa

Hi, Melissa!

Thank you for your e-mail.

| |
| 解答欄に記入しなさい。 |

Best wishes,

解答欄

(2)

● あなたは，外国人の友達（Liam）から以下のEメールを受け取りました。Eメールを読み，それに対する返信メールを，□に英文で書きなさい。

● あなたが書く返信メールの中で，友達（Liam）からの2つの質問（下線部）に対応する内容を，あなた自身で自由に考えて答えなさい。

● あなたが書く返信メールの中で□に書く英文の語数の目安は，15語〜25語です。

● 解答欄の外に書かれたものは採点されません。

● 解答が友達（Liam）のEメールに対応していないと判断された場合は，0点と採点されることがあります。友達（Liam）のEメールの内容をよく読んでから答えてください。

● □の下の Best wishes, の後にあなたの名前を書く必要はありません。

Hi,

Thank you for your e-mail.
I heard that you went to the stadium to watch baseball last night. I want to know more about it. How was the game? And what time did it finish?

Your friend,
Liam

Hi, Liam!

Thank you for your e-mail.

解答欄に記入しなさい。

Best wishes,

解答欄

● あなたは，外国人の友達から以下の QUESTION をされました。

● QUESTION について，あなたの考えとその<u>理由を 2 つ</u>英文で書きなさい。

● 語数の目安は 25 語～ 35 語です。

● 解答欄の外に書かれたものは採点されません。

● 解答が QUESTION に対応していないと判断された場合は，<u>0 点と採点されることがあ</u><u>ります</u>。QUESTION をよく読んでから答えてください。

(3) **QUESTION**

Which do you like better, spring or fall?

解答欄

(4) **QUESTION**
Where do you want to go on your next vacation?

解答欄

(5) **QUESTION**
Do you like playing video games?

解答欄

ここを見直し！ Lesson 22・23

リスニングの質問に応答する

【リスニング1】会話の応答文選択

リスニング第1部は，イラストを参考にしながらA－B－Aの対話を聞き，最後のAの発言に対する応答として最も適切なものを選択肢から選ぶ問題です。

第1部は放送が1回しか流れませんが，基本的には**対話の最後が聞き取れれば答えられます**。まずは，解き方を確認し，そのあと**対話の最後が疑問文のパターン**の問題を詳しく見てみましょう。

イラストを見る イラストをざっと見て，**話者がいる場所や状況を把握する**。

放送を聞く 対話の始めのほうで**話題をつかむ**。「いつ」「だれが」「何を」「どうする」に気をつけて聞こう。そして，**対話の最後を集中して聞く**。

☆ : How was your winter vacation? ➡ 話題は冬休み
冬休みはどうだった？

★ : Great. I went to see my friend in Boston.
How about you? ➡ 女の子に冬休みについて尋ねている
よかったよ。ぼくはボストンの友達に会いに行ったんだ。君は？

☆ : I went to Singapore.
Have you ever been there?
➡ **対話の最後を集中して聞く！**
私はシンガポールに行ったわ。そこへは行ったことがある？

★＝男性話者，☆＝女性話者

1 Sure. See you there. もちろん。そこで会おう。

2 No. It's yours. ううん。それは君のだよ。

3 Yes. I went there last year. うん。昨年そこへ行ったよ。◀答え！

➡ 「行ったことがある？」に対して，Yes. I went there ...（＝行ったことがある）が応答になっている。

※実際の試験では，問題冊子にはイラストのみが印刷されています。

対話の最後が疑問詞疑問文の場合，**疑問詞の聞き取り**が重要になります。

例 話題が「鍵」で対話の最後が **Where was it?** ⇒ **応答** **It was in my bag.**
それはどこにあったの？ 私のバッグの中にあったわ。

例 話題が「本」で対話の最後が **How did you get it?** ⇒ **応答** **My friend gave it to me.**
それをどうやって手に入れたの？ 友達が私にくれたんだ。

● **リスニングによく出る表現** ※合格レッスン15, 16の表現も参照

Can I have some cookies?

許可を求める： Can [Could] I 〜? 〜してもいいですか。

依頼をする： Can [Could] you 〜? 〜してくれますか。

誘う・提案する：Would you like to 〜? 〜したいですか[〜しませんか]。

Why don't we 〜? 〜しませんか。

How about 〜? 〜はどうですか。

そのほか： What happened? 何があったのですか。 Why not? （否定文を受けて）どうして？

やってみよう！

解答解説 ⇒ 別冊 p.26 〜 27

イラストを参考にしながら対話と応答を聞き，最も適切な応答を **1**，**2**，**3** の中から一つ選び，その番号のマーク欄をぬりつぶしなさい（放送回数は 1 回）。 🎵 18

(1)

(2)

(3)

(4)

(1)	(2)	(3)	(4)
① ② ③	① ② ③	① ② ③	① ② ③

合格 LESSON 25　リスニングの質問以外に応答する

次に，対話の最後が疑問文ではないパターンの問題を見てみましょう。最後の発言から話者の気持ち（感想，提案，注意，感謝，励まし，褒めるなど）をくみ取ることがポイントです。

☆：Thank you for taking me ice skating, Dad.
アイススケートに連れていってくれてありがとう，お父さん。
➡話題はアイススケート

★：Did you have fun?　楽しかった？
➡楽しかったかどうかを尋ねている

☆：I really enjoyed it.　とても楽しんだわ。
➡対話の最後を集中して聞く！　　it は話題である ice skating を指す

1 Let's wait here.　ここで待とう。

2 We can go again anytime.　またいつでも行けるよ。◀答え！

3 We'll go by train.　列車で行くよ。

➡娘の「楽しんだ」という「感想」を聞いて，父親は「いつでも行ける（＝また行こう）」と応答している。

★＝男性話者，☆＝女性話者

※実際の試験では，問題冊子にはイラストのみが印刷されています。

対話の最後が疑問文ではないほかのパターンを見てみましょう。

例 話題が「待ち合わせ」で対話の最後が **Let's meet at 10 a.m.**　午前10時に会おう。
⇒ **応答** **OK, see you then.**　わかった，じゃあね。

例 話題が「手伝い」で対話の最後が **Thank you for your help.**　手伝ってくれてありがとう。
⇒ **応答** **It's my pleasure.**　どういたしまして。

リスニングの第1部，第2部でよく出る場面設定には以下のようなものがあります。
・友達や同僚との対話　　　・家族の対話　　　・先生と生徒の対話
・店員，医者，駅員，警察官などとの対話　　　・知らない人同士の対話（道で会った人など）

● **リスニングによく出る表現**　※合格レッスン 15, 16 の表現も参照

You can't take pictures here. 📷

I'm sorry.

Thank you [Thanks] for ～.　～をありがとう。
— **It's [It was] my pleasure.**　どういたしまして。
You can't ～.　～してはいけません。〈注意する〉
— **I'm sorry.**　ごめんなさい。
Are you ready to order?　注文は決まりましたか。
I hope ～.　～だといいなと思います。
I'm sure ～.　きっと～だと思います。
I'm looking forward to ～.　～を楽しみにしています。　**have fun / have a good time**　楽しむ
instead　代わりに　　**instead of ～**　～の代わりに　　**miss**　～がいなくて寂しく思う，～に乗り遅れる

やってみよう！

解答解説 ➡ 別冊 p.27 ～ 28

イラストを参考にしながら対話と応答を聞き，最も適切な応答を **1**，**2**，**3** の中から一つ選び，その番号のマーク欄をぬりつぶしなさい（放送回数は 1 回）。　🎵 20

(1)

(2)

(3)

(4)

(1)	(2)	(3)	(4)
① ② ③	① ② ③	① ② ③	① ② ③

対話を聞く ①

リスニング第 2 部は，A − B − A − B の対話とそれに関する質問を聞き，質問に合うものを選択肢から選ぶ問題です。
ここでは 2 回の放送の聞き方を確認しましょう。

放送 1 回目 話題をつかむ。「いつ」「だれが」「何をする」に気をつけて聞こう。
　　　　　　質問を聞いて，**問われている内容**をつかむ。
放送 2 回目 答えの**カギ**となる部分を集中的に聞く。

★＝男性話者，☆＝女性話者

> ☆：Jun, what does your father do?　ジュン，お父さんは何の仕事をしているの？
> 　➡ ジュンの父親について尋ねている
>
> ★：He's a teacher at a high school.　父は高校で教師をしているよ。
> 　➡ He はジュンの父親のことだから，ジュンの父親が先生！
>
> ☆：What does he teach?　何を教えているの？
>
> ★：Science. My mother is a scientist.　理科だよ。ぼくの母は科学者だよ。
>
> **Question: Who is a teacher?**　だれが教師ですか。
> 　➡「だれ？」が問われている場合，2 回目の放送で人物に集中して聞く！

問題冊子には 4 つの選択肢が印刷されています。この問題では Who 〜？に対して，選択肢に「人物」を表す語句が並びます。

1 Jun.　ジュン。
2 Jun's father.　ジュンの父親。◀ 答え！
3 Jun's grandfather.　ジュンの祖父。
4 Jun's mother.　ジュンの母親。
　　　└─ ジュンの母親は科学者なので✕

➡ ジュンが He's a teacher と言っている部分が正解の手がかり。その前の発言の your father から，He がジュンの父親であることを理解しよう。

● **質問で注意すべき疑問詞**　質問で次の疑問詞が聞こえたら，矢印の右側のポイントを集中して聞こう

Who 〜？ だれ？　　　　　　　➡ 人物・人名
Whose 〜？ だれのもの？　　　➡ 所有者（人物・人名）
What 〜？ 何？　　　　　　　➡「もの」や「こと」，話題など（名詞）
When 〜？ いつ？　　　　　　➡ 時（曜日，時間帯，after / before など）
Where 〜？ どこに［で］？　　➡ 場所（家，学校，図書館，駅，店など）
What time 〜？ 何時？　　　　➡ 時刻（数字，〜 o'clock など）
How many [much] 〜？ どれくらい？➡ 数字（数，回数，金額，量など）

やってみよう！

解答解説 ➡ 別冊 p.28 ～ 29

対話と質問を聞き，その答えとして最も適切なものを **1**，**2**，**3**，**4** の中から一つ選び，その番号のマーク欄をぬりつぶしなさい（放送回数は2回）。

🎵 22

(1)　**1**　Bob did.
　　2　Bob's brother did.
　　3　Bob's father did.
　　4　Bob's friend did.

(2)　**1**　A bag.
　　2　A hat.
　　3　A scarf.
　　4　A book.

(3)　**1**　Yesterday.
　　2　In the morning.
　　3　After lunch.
　　4　Before dinner.

(4)　**1**　On a street.
　　2　On a farm.
　　3　In a restaurant.
　　4　In a supermarket.

(1)	(2)	(3)	(4)
① ② ③ ④	① ② ③ ④	① ② ③ ④	① ② ③ ④

【リスニング 2】会話の内容理解

リスニング第 2 部について，今度は**人物の動作**や，**理由**，**問題点**を問う問題を見てみましょう。放送文の形式は異なりますが，第 2 部で出題される質問と選択肢の傾向は第 3 部も同じなので，合格レッスン 26 と 27 でしっかりと押さえておきましょう。

★=男性話者，☆=女性話者

☆：Excuse me. I want to see the movie *From the Earth*. What time is the next show? すみません。映画『地球より』を見たいのですが。次の上映は何時ですか。
　➡対話の場面は映画館！

★：I'm sorry, but today's last show has just ended.
申し訳ありませんが，本日最後の上映がちょうど終わりました。

☆：OK. I'll come back tomorrow.
わかりました。明日また来ます。

★：The first show starts at 10 a.m.
1 回目の上映は午前 10 時に始まります。

Question: What will the woman **do tomorrow**? 女性は明日何をしますか。
　➡「明日すること」が問われている場合，2 回目の放送で女性の明日の行動に集中して聞く！

問題冊子には 4 つの選択肢が印刷されています。この問題の選択肢には動詞で始まる語句，つまり「行動」を表す語句が並びます。

1 Stay at home. 家にいる。
2 **Go back to the theater.** 映画館に戻る。 ◀答え！
3 Borrow a DVD. DVD を借りる。
4 Go to another theater. 別の映画館に行く。
➡冒頭のやり取りから，映画館での会話であることを押さえよう。

女性は I'll come back tomorrow. と言っていて，これは「映画館に戻る」ということなので，**2** が正解。

● **よく出る質問と対話中の聞き取るべきポイント**

What will *A* do? A は何をしますか。 人物のこのあとの行動を聞き取る➡未来の語句がヒント

What does *A* want to do? A は何をしたいと思っていますか。 人物のしたいことを聞き取る

What does *A* ask [tell] *B* to do? A は B に何をするように頼んで [言って] いますか。

What does *A* want *B* to do? A は B に何をしてもらいたいですか。
　相手にしてほしいこと・頼みたいことを聞き取る➡Could you ～? などの依頼表現がヒント

Why can't [couldn't] *A do* ～? なぜ A は～できない [できなかった] のですか。
　理由を聞き取る ➡ネガティブな内容（but, can't, too「～すぎる」など）がヒント

What happened to *A*? A に何が起きたのですか。
　起こった出来事を聞き取る ➡過去に関する語句がヒント

What is *A's* problem? A の問題は何ですか。 人物の問題を聞き取る

What is [are] *A* talking about? A は何について話していますか。 話題を聞き取る➡最初のほうにヒント

やってみよう！

解答解説 ⇒ 別冊 p.29 〜 30

対話と質問を聞き，その答えとして最も適切なものを **1**，**2**，**3**，**4** の中から一つ選び，その番号のマーク欄をぬりつぶしなさい（放送回数は2回）。

🎵 **24**

(1) **1** Eat out for dinner.
　　2 Visit her grandmother.
　　3 Cook with her grandmother.
　　4 Play with her friend.

(2) **1** Wash the car.
　　2 Send some fruit to her aunt.
　　3 Drive her to a store.
　　4 Carry a box into the house.

(3) **1** She has a lot of homework.
　　2 She is sick in bed.
　　3 She is busy at home.
　　4 She will go on a trip.

(4) **1** Return her shoes.
　　2 Try on a skirt.
　　3 Get her money back.
　　4 Get a skirt in another color.

(1)	(2)	(3)	(4)
① ② ③ ④	① ② ③ ④	① ② ③ ④	① ② ③ ④

エピソードを聞く

【リスニング3】文の内容理解

リスニング第3部は，1人の話者が話す英文とそれに関する質問を聞き，質問に合うものを選択肢から選ぶ問題です。第3部の2回の放送の聞き方や，よく出る質問パターンは第2部と同じなので，合格レッスン26，27を参照しましょう。

第3部は，英文のテーマ別に見ていきます。まずは，話者自身のエピソードの問題です。

話題を問う問題は最初のほうにヒントがある

Last Sunday, **I went to a shopping mall** with my mom.　**We bought** some flowers for Father's Day, and had lunch at a restaurant there.　We had a good time.

先週の日曜日，私は母とショッピングモールに行きました。私たちは父の日の花を買い，そこのレストランで昼食を食べました。私たちは楽しい時を過ごしました。

Question: What is the girl **talking about**?　女の子は何について話していますか。

➡ 話題を問う問題では，2回目の放送で話題の中心をつかむ！

問題冊子には4つの選択肢が印刷されています。

1　A new restaurant.　新しいレストラン。
2　Her father's birthday.　彼女の父親の誕生日。
3　Picking flowers.　花を摘んだこと。
4　**Going shopping.**　買い物に行ったこと。◀答え！

➡ 1文目の「ショッピングモールへ行った」のあと，買ったものや，
　 ショッピングモールでどう過ごしたかを話しているので，話題として**4**が適切。

放送で聞こえてきた単語を含む選択肢に惑わされないようにしましょう。上の問題では，マーカーの語が放送文と同じですが，**4**以外は話題として不適切です。

続いて，話者以外の人物のエピソードの問題を見てみましょう。内容は上の放送文と似ていますが，主語がIではなく，特定の人物（ここではFiona）になります。

Last Sunday, Fiona **went** to a shopping mall with her mom.　They **bought** some flowers for Father's Day, and **had** lunch at a restaurant there.　They had a good time.

先週の日曜日，フィオーナは母親とショッピングモールに行きました。彼女たちは父の日の花を買い，そこのレストランで昼食を食べました。彼女たちは楽しい時を過ごしました。

Question: What did Fiona **do** last Sunday?　フィオーナは先週の日曜日，何をしましたか。

➡ 行動を問う問題では，2回目の放送で動詞に注意して聞く！

正解の例　**She went shopping.**　彼女は買い物に行きました。

➡ 質問の主語はFionaなので，選択肢ではSheで表される。放送文では，Fionaは母親と買い物に行ったと話しているので，Theyで始まる文を聞き取ることになる。

やってみよう！

解答解説 ⇒ 別冊 p.31 〜 32

英文と質問を聞き，その答えとして最も適切なものを **1**，**2**，**3**，**4** の中から一つ選び，その番号のマーク欄をぬりつぶしなさい（放送回数は2回）。

🎵 26

(1) **1** Her school.
   2 Popular TV shows.
   3 Her favorite day of the week.
   4 Her plans for the weekend.

(2) **1** Next week.
   2 Next month.
   3 Three weeks later.
   4 Six weeks later.

(3) **1** He took a cat home.
   2 He got sick.
   3 He found a pet shop.
   4 He lost his pet.

(4) **1** She found a new job.
   2 She fell in a café.
   3 She dropped a bottle.
   4 She broke her foot.

(1)	(2)	(3)	(4)
① ② ③ ④	① ② ③ ④	① ② ③ ④	① ② ③ ④

アナウンスを聞く

【リスニング 3】文の内容理解

リスニング第 3 部では，館内放送やイベントの案内，天気予報などのアナウンスの問題も出題されます。ここではアナウンスの問題を見てみましょう。

質問に含まれる語句の前後に手がかりがある ┐ ┌ close early を具体的に表した文 ┐

Attention, please. Today, our library is **closing early**. We'll close at 4:30 p.m. instead of 5 p.m. **because** a typhoon is coming. If you are going to borrow books, please go to the counter before 4 o'clock. Thank you.

みなさまにお知らせします。本日，当図書館は早く閉館します。台風が接近していますので，午後 5 時ではなく午後 4 時 30 分に閉まります。本を借りられる方は，4 時までにカウンターへ来てください。よろしくお願いします。

Question: Why will the library **close early** today? なぜ図書館は今日，早く閉まりますか。

➡ 理由を問う問題では，2 回目の放送で理由や結果を表す語句（because や so など）に集中して聞く！

問題冊子には 4 つの選択肢が印刷されています。

1 An event was canceled. あるイベントがキャンセルになった。
2 There aren't enough books. 本が十分にない。
3 **The weather will be bad.** 天候が悪くなる。◀答え！
4 A computer is broken. コンピューターが壊れている。

➡ 早く閉まる理由として，a typhoon is coming を The weather will be bad. に言い換えている **3** が正解。

理由を問う問題は，放送文の because が手がかりになることがよくあります。

We'll close at 4:30 p.m. instead of 5 p.m. **because** a typhoon is coming.
└ 質問の内容 ┘ └ 理由＝答え ┘

上の放送文のような内容のときは，時刻を問う問題も考えられます。

Question: What time will the library close today? 図書館は今日，何時に閉まりますか。

1 At 4:00. 4 時に。   **2** At 4:30. 4 時 30 分に。◀答え！
3 At 5:00. 5 時に。   **4** At 5:30. 5 時 30 分に。

➡「ふだんは 5 時だが今日は 4 時 30 分」を押さえることがポイントとなる。**1** の「4 時」は本を借りる人がカウンターに行くべき締切の時刻。

● **アナウンスの冒頭でよく使われる表現**

Attention, please. / Attention, everyone [students / passengers].
（生徒の／乗客の）みなさまにお知らせします。➡ 館内，学校内，乗り物内などの放送

Good evening, ladies and gentlemen. みなさま，こんばんは。➡ イベントなど

Thank you for joining ～. ～にご参加いただきありがとうございます。

Welcome to ～. ～へようこそ。➡ ツアーガイドによる案内など

Now for the weather news. それでは気象情報です。➡ ラジオやテレビの天気予報の案内

やってみよう！

解答解説 ➡ 別冊 p.32 ～ 33

英文と質問を聞き，その答えとして最も適切なものを **1**，**2**，**3**，**4** の中から一つ選び，その番号のマーク欄をぬりつぶしなさい（放送回数は２回）。

🎵 28

(1) **1** At a campsite.
　　2 At a supermarket.
　　3 At a sports store.
　　4 At a stadium.

(2) **1** At 1:00.
　　2 At 1:30.
　　3 At 2:00.
　　4 At 2:30.

(3) **1** Buy science books.
　　2 Play computer games.
　　3 Touch different machines.
　　4 Get into a rocket.

(4) **1** Sunny.
　　2 Rainy.
　　3 Cloudy.
　　4 Windy.

(1)	(2)	(3)	(4)
① ② ③ ④	① ② ③ ④	① ② ③ ④	① ② ③ ④

単熟語

文法

会話表現

長文読解

ライティング

リスニング

解答解説 ➡ 別冊 p.33 ～ 36

イラストを参考にしながら対話と応答を聞き，最も適切な応答を **1**，**2**，**3** の中から一つ選び，その番号のマーク欄をぬりつぶしなさい（放送回数は1回）。

♪ 29

(1)

(2)

(3)

(4)

	(1)	(2)	(3)	(4)
	① ② ③	① ② ③	① ② ③	① ② ③
ここを見直し！	Lesson 25	Lesson 24	Lesson 25	Lesson 24

対話と質問を聞き，その答えとして最も適切なものを **1**，**2**，**3**，**4** の中から一つ選び，その番号のマーク欄をぬりつぶしなさい（放送回数は２回）。 🎵 30

(5)
  1 Never.
  2 Once.
  3 Twice.
  4 Three times.

(6)
  1 Clean his room.
  2 Study at home.
  3 Cook lunch.
  4 Read a book.

(7)
  1 Ken's.
  2 Mari's.
  3 Dan's.
  4 Dan's sister's.

(8)
  1 Meg's family.
  2 Meg's hair.
  3 Meg's dream for the future.
  4 Meg's trip to Italy.

(5)	(6)	(7)	(8)
① ② ③ ④	① ② ③ ④	① ② ③ ④	① ② ③ ④
Lesson 26	Lesson 27	Lesson 26	Lesson 27

英文と質問を聞き，その答えとして最も適切なものを **1**，**2**，**3**，**4** の中から一つ選び，その番号のマーク欄をぬりつぶしなさい（放送回数は２回）。　🎵 **31**

(9)　**1**　Show their tickets.
　　2　Take a seat.
　　3　Take a photo.
　　4　Turn off their phones.

(10)　**1**　He woke up early.
　　2　He lost a baseball game.
　　3　He couldn't eat breakfast.
　　4　He was late for practice.

(11)　**1**　In the gym.
　　2　In the classroom.
　　3　On the field.
　　4　In the cafeteria.

(12)　**1**　To a flower garden.
　　2　To a restaurant.
　　3　To a vegetable store.
　　4　To a library.

(9)	(10)	(11)	(12)
① ② ③ ④	① ② ③ ④	① ② ③ ④	① ② ③ ④

ここを見直し！　▷　Lesson 29　　Lesson 28　　Lesson 29　　Lesson 28

* MEMO *

合格 LESSON 30　面接試験対策

3級の面接試験では，英文（パッセージ）とイラストが掲載された「問題カード」について，音読と5つの質問への回答が求められます。
まずは対面式の面接の流れを確認しましょう。

🕐 面接試験時間　約5分

(1) 入室とあいさつ

係員の指示にしたがい，面接室に入ります。
あいさつをしてから，面接委員に「面接カード」を
手渡し，指示にしたがって着席します。

(2) 氏名と受験級の確認

面接委員があなたの氏名と受験する級を確認します。そのあと，簡単なあいさつをしてから
試験開始です。

(3) 問題カードの黙読

英文とイラストが印刷された「問題カード」を手渡されます。まず，英文を20秒で黙読す
るよう指示されます。英文の分量は30語程度です。

(4) 問題カードの音読

英文の音読をするように指示されるので，タイトルから読みましょう。意味のまとまりごと
にポーズをとり，焦らず正確に読むことを心がけましょう。

(5) 5つの質問

音読のあと，面接委員の5つの質問に答えます。No. 1～3は「問題カード」の英文とイラ
ストについての質問です。No. 4・5は受験者自身についての質問です。No. 3の質問のあ
と，カードを裏返すように指示されるので，No. 4・5は面接委員を見ながら話しましょう。

(6) カードの返却と退室

試験が終了したら，「問題カード」を面接委員に返却し，あいさつをして退室しましょう。

続いて面接試験の問題形式を確認しましょう。

Food Festivals

Food festivals are often held around Japan. Food festivals serve many delicious foods from different places, so they are popular with many people. People can usually buy foods and eat them at tables.

Questions

No. 1   Please look at the passage. Why are food festivals popular with many people?

No. 2   Please look at the picture. Where is the dog?

No. 3   Please look at the man wearing a cap. What is he doing?

Now, Mr. / Ms. —, please turn the card over.

No. 4   What are you planning to do next Sunday?

No. 5   Have you ever been to the beach?
        Yes. → Please tell me more.
        No. → What do you like to do on weekends?

解答と解説

英文の訳

フードフェスティバル

フードフェスティバルがよく日本中で開催されます。フードフェスティバルは，さまざまな場所から来た多くのおいしい食べ物を提供するため，多くの人々に人気があります。たいてい，人々は食べ物を買ってテーブルで食べることができます。

音 読　　　⭐ **POINT** タイトルから落ち着いて読もう

早く読む必要はありません。できるだけ意味のまとまりごとに区切って，発音やアクセントに注意しながら丁寧に読むことが重要です。タイトルを読むのを忘れずに。

No.1　英文の内容に関する質問　　⭐ **POINT** 問題カードの英文から答えを探そう

質問の訳　パッセージを見てください。フードフェスティバルはなぜ多くの人々に人気があるのですか。

解答例　**Because they serve many delicious foods from different places.**

解答例の訳　さまざまな場所から来た多くのおいしい食べ物を提供するからです。

解説　2文目に正解が含まれている。so「だから」の前の部分が「理由」になる。解答する際は，①質問の主語と重なる food festivals を三人称複数の代名詞 they に置き換える，②文の後半 so they are popular with many people は質問と重なる内容なので省く，という2点に注意する。delicious や different の発音を確認し，練習しておこう。

No.2　イラストに関する質問 ①　　⭐ **POINT** イラストを見て答えよう

質問の訳　イラストを見てください。犬はどこにいますか。

解答例　**It's under the table.**

解答例の訳　テーブルの下にいます。

解説　Where ～？でイラスト中の the dog「犬」がいる場所を尋ねられている。解答では，the dog を It に置き換え，It's [It is] で始める。犬はテーブルの下にいるので under the table となる。「場所」を聞かれているので under「～の下に」をしっかりと伝えよう。

No. 3　イラストに関する質問 ②　☆ POINT　イラストを見て答えよう

質問の訳　帽子をかぶっている男性を見てください。彼は何をしていますか。

解答例　**He's talking on the phone.**

解答例の訳　彼は電話で話しています。

解説　イラストの中の the man wearing a cap「帽子をかぶっている男性」に関する質問。質問の What is ～ doing? は，「～は何をしていますか」という現在進行形の疑問文。「電話で話す」は talk on the phone と言い，質問に合わせて He's [He is] talking on the phone. という現在進行形で答える。イラストに関する質問ではこのほか，人物がこれからとる行動が吹き出しの中に描かれ，be going to ～「～しようとしている」を使ってその行動を聞かれることもある。

No. 4　あなた自身に関する質問 ①　☆ POINT　質問の疑問詞に注意しよう

質問の訳　あなたは次の日曜日に何をする予定ですか。

解答例　**I'm planning to watch a movie at home.**

解答例の訳　私は家で映画を見る予定です。

解説　質問の be planning to ～は「～する予定だ」という意味。next Sunday「次［来週］の日曜日」の予定を，質問に合わせて〈I'm planning to＋動詞の原形〉の形で答えよう。質問の next Sunday は言っても言わなくてもよい。

No. 5　あなた自身に関する質問 ②　☆ POINT　質問に対してあなた自身のことを自由に答えよう

質問の訳　あなたは今までにビーチへ行ったことがありますか。

Yes.（はい）と答えた場合

質問の訳　もっと説明してください。

解答例　**I went to the beach with my friends last summer.**

解答例の訳　私は昨年の夏に友達とビーチへ行きました。

No.（いいえ）と答えた場合

質問の訳　あなたは週末に何をすることが好きですか。

解答例　**I like to read books.**

解答例の訳　私は読書をすることが好きです。

解説　最初の質問〈Have you ever＋過去分詞？〉は「あなたは今までに～したことがありますか」という意味で，「ビーチ［海］へ行ったことがある」場合は Yes.，ない場合は No. と答える。Yes. と答えた場合，Please tell me more. のように言われるので，いつ，だれと行ったかなどを説明するとよい。I go swimming every summer.「毎年夏に泳ぎに行きます」のように現在形で話してもよい。go shopping「買い物に行く」，go fishing「釣

りに行く」，go skiing「スキーに行く」など，go -ing「～しに行く」はよく使うので練習
しておこう。

No. と答えた場合，What do you like to do on weekends? のように聞かれるので，週
末に何をすることが好きか1つ考えて，〈I like to＋動詞の原形〉の形で答える。

そっくり模試

試験時間 筆記試験：**65**分　リスニングテスト：約**25**分

ここからは英検3級一次試験の模擬試験になります。問題形式や問題数は，本番の試験そっくりになっていますので，本番のつもりで制限時間内にやってみましょう。

また，模試はオンラインマークシートで自動採点できる採点・見直し学習アプリ「学びの友」（p.9参照）に対応していますので，そちらを利用して解くこともできます。

本番前の実力チェックに役立ててください。

手書き解答用紙を利用する

巻末の解答用紙を切り離してお使いください。

「学びの友」を利用する

右の二次元コードからアクセスしてください。

※筆記1〜3，リスニングの自動採点ができます。
※PCからも利用できます（p.9参照）。

次の (1) から (15) までの (   ) に入れるのに最も適切なものを **1**, **2**, **3**, **4** の中から一つ選び，その番号のマーク欄をぬりつぶしなさい。

(1) I went skiing last weekend. I couldn't ski very well and fell down many times, but it was a good (   ).

1 example **2** experience **3** environment **4** entrance

(2) *A:* Our washing machine is too old. We had better buy a new one.
B: I (   ). Let's go and buy one tomorrow.

1 believe **2** fit **3** agree **4** discover

(3) Last night Kazuya's family went to a Chinese restaurant, but it was closed. So they went to an Italian restaurant (   ).

1 anywhere **2** either **3** instead **4** yet

(4) *A:* Excuse me. Where can I find children's shoes?
B: Please (   ) me. I'll show you.

1 cross **2** invite **3** catch **4** follow

(5) The Eiffel Tower in Paris, France is very famous. Its (   ) is 324 meters and we can go up to the top floor by elevator.

1 circle **2** height **3** course **4** way

(6) *A:* Shall I lend you this book? It's very (   ) for finishing the history homework.
B: Thanks!

1 full **2** social **3** peaceful **4** useful

(7) *A:* Drive (   ), Mike! The roads are very wet.
B: OK, Dad.

1 carefully **2** cheaply **3** finally **4** luckily

(8) Tomomi's father left for Fukuoka on (   ) yesterday. He will go back home tomorrow.

1 job **2** work **3** business **4** trip

(9) **A:** If you need any help during your stay, you can (   ) on me.

B: Thank you, Ms. Brown.

1 keep   **2** depend   **3** try   **4** get

(10) Ami won the speech contest at school yesterday. Her friends were very surprised (   ) the news.

1 at   **2** from   **3** on   **4** in

(11) **A:** Excuse me. Where should I (   ) trains to go to Victoria Station?

B: At the second station from here.

1 turn   **2** waste   **3** share   **4** change

(12) **A:** How long have you been in Japan, Dan?

B: For 10 years. I came to Kobe at the (   ) of 24.

1 time   **2** age   **3** space   **4** piece

(13) I felt very hungry, so I went to the supermarket to buy something (   ).

1 eat   **2** eating   **3** eaten   **4** to eat

(14) **A:** What is the main language (   ) in Mexico?

B: Spanish.

1 speak   **2** spoke   **3** spoken   **4** speaking

(15) Yesterday I met a boy (   ) mother is a popular singer. I was very happy to talk with him.

1 what   **2** whose   **3** which   **4** how

2

次の (16) から (20) までの会話について，(   ) に入れるのに最も適切なものを 1，2，3，4 の中から一つ選び，その番号のマーク欄をぬりつぶしなさい。

(16) **Daughter :** Oh, no! I can't find my keys!

　　　Mother: (   ) You had better check there.

　　1 Sounds like fun. **2** Something is wrong with your key.

　　3 I don't have any. **4** I saw them in the living room.

(17) **Boy:** I'm going to watch the baseball game on Sunday. (   )

Girl: Sure, I'd love to.

　　1 Where shall we meet? **2** Are you going to play baseball?

　　3 Would you like to come, too? **4** How did you get the ticket?

(18) **Student:** Mr. Wilson, may I open the window? It's a little hot.

Teacher: Of course. (   )

　　1 Let me see. **2** Go ahead.

　　3 Maybe next time. **4** I'm not sure.

(19) **Customer:** Excuse me. I'm looking for men's sweaters, but I didn't see them.

Salesclerk: (   )

Customer: OK, I'll go and check.

　　1 They're on the fifth floor. **2** The sweaters are on sale.

　　3 Sorry, but we don't sell sweaters. **4** You look very nice in that sweater.

(20) **Husband:** Cathy, why don't we go out to dinner tonight?

　　　Wife: Good idea. (   )

Husband: Not bad. Let's leave in 30 minutes.

　　1 Will you make some spaghetti? **2** How about Indian food?

　　3 Do you like to eat at home? **4** Did you call the restaurant?

筆記試験の問題は次のページに続きます

3

A

次の掲示の内容に関して，(21) と (22) の質問に対する答えとして最も適切なもの，または文を完成させるのに最も適切なものを **1**，**2**，**3**，**4** の中から一つ選び，その番号のマーク欄をぬりつぶしなさい。

Notice from City Library
Year-End Library Use and Event Notice

We will close our city library during the New Year season.

Holiday Closing Dates: January 1 to January 4
Closing Times: 8 p.m. until December 30 and from January 5
　　　　　　　　＊6 p.m. on December 31

Each person can borrow between 1 and 20 books during the holidays, so please enjoy reading during your New Year holidays.

We also have special events on December 25. Please look at the Christmas event poster. Tickets are on sale at the information desk. We hope many people will come to the events.

www.citylibrary.org

(21) When will the library close earlier than usual?

1 On December 25.

2 On December 31.

3 On January 1.

4 On January 4.

(22) To join the Christmas events, people need to

1 call the information desk on December 25.

2 make a special poster for the events.

3 borrow 20 books for the New Year holidays.

4 go to the information desk to get tickets.

From: Bob James
To: Patti Austin
Date: November 22
Subject: Homework

Good evening, Patti,
How are you? I was absent from school today because I was sick in bed all day. I didn't go to see a doctor, but my mom gave me some medicine. I slept a lot. I think I have a cold, but I feel much better now. How were classes? Do we have any homework? Please let me know.
Your friend,
Bob

From: Patti Austin
To: Bob James
Date: November 22
Subject: Math Homework

Hi Bob!
I'm glad that you feel better. We had four subjects today. We had no homework for science and English. For social studies, we have to read from page 72 to page 78 of the textbook for the next class. In math class, we finished five pages from page 66. We also started a new part today. The homework is from the new part. It's in the workbook. Tomorrow is Saturday, so shall we do the homework together? I'm going to the library in the afternoon. If you feel well enough, I can meet you there. Is that OK?
Patti

From: Bob James
To: Patti Austin
Date: November 22
Subject: At the library

Hi Patti,

Thank you for your e-mail, you're very kind. I'm feeling better now, so let's do the homework together. I'll see you at the library at two o'clock tomorrow afternoon. I'm going to bring all the textbooks and workbooks I need. If you have time, do you want to come to my house for pizza after studying? My dad is going to make some. His pizza is very special. You will love it. Thank you very much, Patti.

See you tomorrow,
Bob

(23) What happened to Bob on Friday?

   1 He couldn't sleep well.

   2 He couldn't go to school.

   3 He forgot to do his homework.

   4 He went to see a doctor.

(24) What do they have to do for the math homework?

   1 Find information on the Internet.

   2 Read the textbook for the next class.

   3 Do the workbook.

   4 There is no math homework.

(25) Where does Bob want to do homework with Patti?

   1 At the library.

   2 At his house.

   3 At school.

   4 At Patti's house.

次の英文の内容に関して，(26) から (30) までの質問に対する答えとして最も適切なもの，または文を完成させるのに最も適切なものを **1**，**2**，**3**，**4** の中から一つ選び，その番号のマーク欄をぬりつぶしなさい。

3

C

Cat Cafés

In 1998, the first cat café in the world, "Cat Flower Garden," was opened in Taiwan. It became popular among both Taiwanese and tourists. In Japan, the first cat café opened in Osaka in 2004, and the second one in Tokyo a year later. From 2005 to 2010, there were more than 100 cat cafés across the country.

Cat cafés are good places for cats and people to meet. Cat cafés are especially popular in Japan because many people live in an apartment with a rule of no pets. Some people are too busy to take care of pets, too. Customers can stay at cafés until they close. Usually, they spend around an hour there.

There are many types of cat cafés in Japan. For example, there is a café that only has black cats. Also, there are cafés that buy their cats from expensive pet shops, but many cafés get their cats from local animal shelters.* Such cafés try to find new owners for the cats.

Every cat café in Japan must have a license. Also, cafés have rules for keeping the cats and their rooms clean and for feeding them. Until 2012, customers could play with cats all night at some cafés, but in that year, the law was changed, and the opening hours were regulated.* Under the new law, visitors can play with cats until 10 p.m. at the latest.

In cat cafés, it is very important for the cats to feel at home. Cat cafés are not only for visitors but also a place for cats to feel happy.

* animal shelter：(飼い主がいない) 動物保護施設
* regulate：〜を規制する

(26) When did the first cat café open in Tokyo?

1 In 1998.

2 In 2004.

3 In 2005.

4 In 2010.

(27) Why are cat cafés popular in Japan?

1 They often sell rare cats to customers.

2 Many people can't have pets in their apartments.

3 People can leave their cats there.

4 People can bring other animals to play with cats.

(28) What do cat cafés that get cats from animal shelters do?

1 They sell cats at high prices.

2 They collect only black cats.

3 They look after sick and injured cats.

4 They try to find new owners.

(29) Under the law that was changed in 2012,

1 staff can give the cats more cat food.

2 staff must wash the cats every day.

3 customers must leave the cafés by 10 p.m.

4 customers can stay all night in some cafés.

(30) What is this story about?

1 Problems with cat cafés in Japan.

2 The history of cat cafés in Japan.

3 The most famous cat in a cat café.

4 Volunteers who save cats' lives.

4 ライティング（E メール）

● あなたは，外国人の友達（Sophia）から以下の E メールを受け取りました。E メールを読み，それに対する返信メールを，□に英文で書きなさい。

● あなたが書く返信メールの中で，友達（Sophia）からの 2 つの質問（下線部）に対する内容を，あなた自身で自由に考えて答えなさい。

● あなたが書く返信メールの中で，□に書く英文の語数の目安は，15 語〜 25 語です。

● 解答欄の外に書かれたものは採点されません。

● 解答が友達（Sophia）の E メールに対応していないと判断された場合は，0 点と採点されることがあります。友達（Sophia）の E メールの内容をよく読んでから答えてください。

● □の下の Best wishes, の後にあなたの名前を書く必要はありません。

Hi,

Thank you for your e-mail.
I heard that you went to the zoo last weekend. I want to know more about it. How did you get to the zoo? And what animals did you like the best?

Your friend,
Sophia

Hi, Sophia!

Thank you for your e-mail.

解答欄に記入しなさい。

Best wishes,

● あなたは，外国人の友達から以下の QUESTION をされました。

● QUESTION について，あなたの考えとその<u>理由を 2 つ</u>英文で書きなさい。

● 語数の目安は 25 語〜 35 語です。

● 解答は，解答用紙にあるライティング解答欄に書きなさい。なお，<u>解答欄の外に書かれたものは採点されません。</u>

● 解答が QUESTION に対応していないと判断された場合は，<u>0 点と採点されることがあります。</u>QUESTION をよく読んでから答えてください。

QUESTION

Which do you like better, eating at a restaurant or eating at home?

Listening Test

3級リスニングテストについて

❶ このテストには，第1部から第3部まであります。

★英文は第1部では一度だけ，第2部と第3部では二度，放送されます。

第1部	イラストを参考にしながら対話と応答を聞き，最も適切な応答を **1**，**2**，**3**の中から一つ選びなさい。
第2部	対話と質問を聞き，その答えとして最も適切なものを **1**，**2**，**3**，**4**の中から一つ選びなさい。
第3部	英文と質問を聞き，その答えとして最も適切なものを **1**，**2**，**3**，**4**の中から一つ選びなさい。

❷ No. 30のあと，10秒すると試験終了の合図がありますので，筆記用具を置いてください。

第1部 🎵 36 ～ 🎵 46

例題

No. 1

No. 2

No. 3

No. 4

No. 5

No. 6

No. 7

No. 8

No. 9

No. 10

No. 11

1 Catch some fish.

2 Cook a meal.

3 Order food.

4 Pay for dinner.

No. 12

1 Go swimming in a lake.

2 Go and watch a sport.

3 Have lunch outside.

4 Have a party at the woman's house.

No. 13

1 In ten minutes.

2 In twenty minutes.

3 At twelve fifteen.

4 At twelve thirty.

No. 14

1 A box.

2 A table.

3 Some books.

4 Some tea.

No. 15

1 At a restaurant.

2 At a movie theater.

3 At a supermarket.

4 At a library.

No. 16

  1 By bus.

  2 By bike.

  3 By train.

  4 By car.

No. 17

  1 She is very tall.

  2 She does not like basketball.

  3 Her brother is in the club.

  4 She has played tennis before.

No. 18

  1 The math test.

  2 The English test.

  3 The history test.

  4 The science test.

No. 19

  1 The taste of doughnuts.

  2 How to make doughnuts.

  3 The number of guests.

  4 A new doughnut shop.

No. 20

  1 Every day.

  2 Once a week.

  3 Twice a week.

  4 Three times a week.

No. 21

1 An action movie.

2 An adventure movie.

3 A comedy movie.

4 A horror movie.

No. 22

1 It was by the concert hall.

2 They had a discount ticket.

3 They wanted to eat sushi.

4 The Chinese restaurant was closed.

No. 23

1 Get advice from his friend.

2 Go to several banks.

3 Graduate from university.

4 Work at a bank.

No. 24

1 He didn't have his key.

2 He couldn't come home early.

3 His sister waited for him.

4 His sister lost her key.

No. 25

1 He can go to China.

2 He can study in China.

3 He can become an exchange student.

4 He can talk with a Chinese student.

No. 26

   1 To see many stars.
   2 To read many books.
   3 To be an astronaut.
   4 To study every day.

No. 27

   1 Make a strawberry cake.
   2 Get a strawberry cake.
   3 Buy a chocolate cake.
   4 Bake a chocolate cake.

No. 28

   1 He stayed at his friend's house.
   2 He took his uncle to San Francisco.
   3 He went to the Golden Gate Bridge.
   4 He worked at a Japanese restaurant.

No. 29

   1 For half an hour.
   2 For one hour.
   3 For one and a half hours.
   4 For two hours.

No. 30

   1 In an airplane.
   2 In a train.
   3 At a bus station.
   4 At an airport.

* MEMO *

＊ MEMO ＊

自己診断チャート

巻末で解いた「そっくり模試」の結果について，次のチャートに，自分の問題ごとの正解数を記入し，チャートを完成させましょう。

赤い枠が合格ラインです。合格ラインに届かなかった問題は，レッスンに戻って復習し，本番までに弱点を克服しましょう。

※筆記4・5（ライティング）については，別冊の解答解説および合格レッスン20 ～ 23（p.72，p.74，p.76，p.78）で学んだことを参考にしましょう。

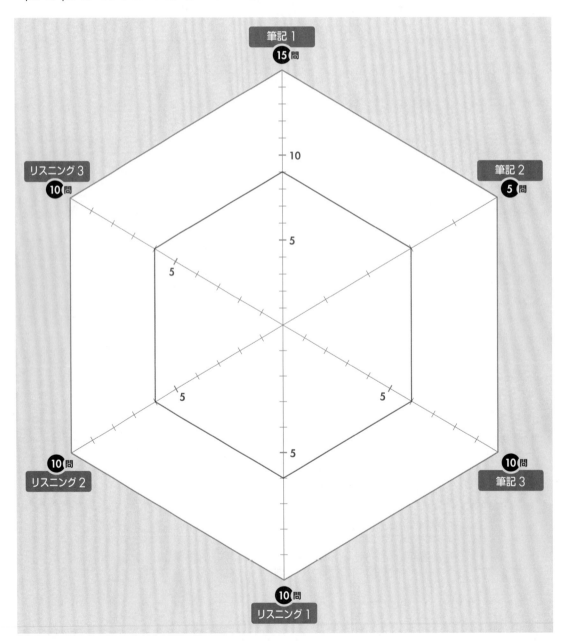

中学生のための英検合格レッスン **3級** **そっくり模試 解答用紙**

【注意事項】

① 解答にはHBの黒鉛筆（シャープペンシルも可）を使用し，解答を訂正する場合には消しゴムで完全に消してください。

② 解答用紙は絶対に汚したり折り曲げたり，所定以外のところへの記入はしないでください。

③ マーク例

良い例	悪い例
●	⊙ ⊗ ◗

◖ これ以下の濃さのマークは読めません。

筆記解答欄

問題番号		1 2 3 4
1	(1)	① ② ③ ④
	(2)	① ② ③ ④
	(3)	① ② ③ ④
	(4)	① ② ③ ④
	(5)	① ② ③ ④
	(6)	① ② ③ ④
	(7)	① ② ③ ④
	(8)	① ② ③ ④
	(9)	① ② ③ ④
	(10)	① ② ③ ④
	(11)	① ② ③ ④
	(12)	① ② ③ ④
	(13)	① ② ③ ④
	(14)	① ② ③ ④
	(15)	① ② ③ ④

筆記解答欄

問題番号		1 2 3 4
2	(16)	① ② ③ ④
	(17)	① ② ③ ④
	(18)	① ② ③ ④
	(19)	① ② ③ ④
	(20)	① ② ③ ④
3	(21)	① ② ③ ④
	(22)	① ② ③ ④
	(23)	① ② ③ ④
	(24)	① ② ③ ④
	(25)	① ② ③ ④
	(26)	① ② ③ ④
	(27)	① ② ③ ④
	(28)	① ② ③ ④
	(29)	① ② ③ ④
	(30)	① ② ③ ④

リスニング解答欄

問題番号		1 2 3 4
	例題	① ② ●
第1部	No.1	① ② ③
	No.2	① ② ③
	No.3	① ② ③
	No.4	① ② ③
	No.5	① ② ③
	No.6	① ② ③
	No.7	① ② ③
	No.8	① ② ③
	No.9	① ② ③
	No.10	① ② ③
第2部	No.11	① ② ③ ④
	No.12	① ② ③ ④
	No.13	① ② ③ ④
	No.14	① ② ③ ④
	No.15	① ② ③ ④
	No.16	① ② ③ ④
	No.17	① ② ③ ④
	No.18	① ② ③ ④
	No.19	① ② ③ ④
	No.20	① ② ③ ④
第3部	No.21	① ② ③ ④
	No.22	① ② ③ ④
	No.23	① ② ③ ④
	No.24	① ② ③ ④
	No.25	① ② ③ ④
	No.26	① ② ③ ④
	No.27	① ② ③ ④
	No.28	① ② ③ ④
	No.29	① ② ③ ④
	No.30	① ② ③ ④

※筆記 **4** と **5** の解答欄は2枚目の表裏にあります。

※実際の解答用紙に似せていますが，デザイン・サイズは異なります。

●記入上の注意（記述形式）

・太枠に囲まれた部分のみが採点の対象です。

・指示事項を守り，文字は，はっきりと分かりやすく，濃く，書いてください。

・数字の1と小文字のl（エル），数字の2とZ（ゼット）など似ている文字は，判別できるよう書いてください。

・消しゴムで消す場合は，消しくず，消し残しがないようしっかりと消してください。

・解答が英語以外の言語を用いている，質問と関係がない，テストの趣旨に反すると判断された場合，0点と採点される可能性があります。

4 Eメール解答欄

語数の目安は15〜25語です。

5

10

●記入上の注意（記述形式）

・太枠に囲まれた部分のみが採点の対象です。

・指示事項を守り，文字は，はっきりと分かりやすく，濃く，書いてください。

・数字の1と小文字のl（エル），数字の2とZ（ゼット）など似ている文字は，判別できるよう書いてください。

・消しゴムで消す場合は，消しくず，消し残しがないようしっかりと消してください。

・解答が英語以外の言語を用いている，質問と関係がない，テストの趣旨に反すると判断された場合，0点と採点される可能性があります。

5 英作文解答欄

語数の目安は 25 ～ 35 語です。

5
10

中学生のための

文部科学省後援

英検®3級

合格レッスン

[改訂版]

解答と解説

英検®は、公益財団法人 日本英語検定協会の登録商標です。　旺文社

解答解説　もくじ

_{合格} LESSON 1 やってみよう!

(1) 解答 **3**

A:「どこに行くの，キャシー？」

B:「図書館に行くところよ。これらの本**を返さなく**てはいけないの」

解説 空所後の目的語の these books「これらの本」に合う動詞は return「〜を返す」である。**1** discover「〜を発見する」，**2** touch「〜に触る」，**4** reach「〜に到着する，手が届く」。

(2) 解答 **1**

「昨日，私の両親と私は祖母の 80 歳の誕生日**を祝う**ために彼女の家に行った」

解説 空所後は「彼女（＝祖母）の 80 歳の誕生日」という意味。これに合う動詞は celebrate「〜を祝う」である。**2** turn「曲がる」，**3** put「〜を置く」，**4** design「〜を設計する」。

(3) 解答 **2**

「スーザンは学校で自然について学んでいる。彼女の先生は，木々や動物**を守ること**は重要だと言う」

解説 選択肢はすべて動詞の -ing 形。空所は that 節内の主語の位置にあるので，動名詞「〜すること」が主語となる文である。目的語の「木々や動物」に合う動詞は protect「〜を守る，保護する」。それぞれ **1** receive「〜を受け取る」，**3** perform「（〜を）演じる，（音楽を）演奏する」，**4** invent「〜を発明する」の -ing 形。

(4) 解答 **4**

A:「お父さんは怒っているようだよ。彼に何が**あったの？**」

B:「サリーが彼のコンピューターを壊したんだよ」

解説 選択肢はすべて動詞の過去形。happen は「起こる」という意味で，happen to 〜「〜に起こる」の形で覚えておこう。「彼（＝お父さん）に何があったの？」と聞かれた B は，父親が怒っている理由を説明している。それぞれ **1** guess「（〜を）推測する」，**2** agree「同意する，賛成する」，**3** invite「〜を招待する」の過去形。

(5) 解答 **1**

A:「それ，あなたの新しい自転車？ かっこいいね」

B:「ありがとう。色が気に入ったからそれ**を選んだ**」

解説 選択肢はすべて不規則動詞の過去形。空所直後の it は your new bike を指す。「色が気に入ったからその自転車を選んだ」とすれば流れに合うので，choose「〜を選ぶ」の過去形 chose が適切。それぞれ **2** sell「〜を売る」，**3** catch「〜をつかまえる」，**4** hold「（手に）〜を持つ，（会など）を開く」の過去形。不規則動詞の過去形を覚えておこう。

_{合格} LESSON 2 やってみよう!

(1) 解答 **4**

A:「この言葉の**意味**がわからないよ」

B:「私の辞書を使ってもいいよ」

解説 空所後の of this word とのつながりを考えながら B の発言を読む。dictionary「辞書」を使えば言葉の「意味」がわかるので，meaning が正解。**1** memory「記憶」，**2** opinion「意見」，**3** report「レポート」。

(2) 解答 **4**

「エイミーはテレビの記者としてサッカー選手に**インタビューをした**」

解説 空所後の〈with ＋人〉や「テレビの記者として」という文脈から，**4** を入れて had an interview with 〜「〜にインタビューをした」とするのが適切。reporter「記者，レポーター」という「人・職業」を表す語も覚えておこう。**1** area「地域，区域」，**2** environment「環境」，**3** example「例」。

(3) 解答 **1**

A:「**ご注文**はお決まりですか，お客様？」

B:「はい。ビーフシチューとグリーンサラダをください」

解説 レストランでのスタッフと客の会話。B（客）が料理を注文しているので，order「注文」が適切。動詞の order「〜を注文する」も覚えておこう。**2** accident「事故」，**3** information「情報」，**4** fact「事実」。

(4) 解答 **2**

A:「あなたの家への道順を教えてもらえる？」

B:「いいよ。君に**地図**を描いてあげるね」

解説 家への道順を聞かれているので，**2** を入れて draw a map「地図を描く」とするのが適切。**1**

difference「違い」，**3** ticket「切符，チケット」，**4** prize「賞」。

(5) 解答 **3**

「ジャックは**シェフ**としてホテルで働いている。彼は多くの人々に自分が作ったイタリア料理を食べてほしいと思っている」

解説　選択肢はすべて「人・職業」を表す名詞。1文目から，ジャックの職場はホテルだとわかる。また，2文目の eat his Italian dishes という情報から，職業は chef「シェフ」と判断できる。**1** tourist「旅行者，観光客」，**2** florist「花屋（の店主）」，**4** winner「勝者，受賞者」。

問題 ➡ 本冊 p.19

合格 LESSON 3 やってみよう！

(1) 解答 **2**

「ビルは大学で**外国**文化を研究している。彼は毎年，夏にほかの国々へ行くよう努めている」

解説　空所後の名詞 cultures「文化」を修飾する形容詞として foreign「外国の」が適切。**1** light「軽い」，**3** dry「かわいた」，**4** dangerous「危険な」。

(2) 解答 **1**

「ベンチが**ぬれて**いるので，私はそれに座りたくない」

解説　it は the bench「ベンチ」のこと。because「～だから」があるので座りたくない理由を考えると，wet「ぬれた」が適切。**2** free「暇な，無料の」，**3** angry「怒った」，**4** tight「（衣服などが）きつい」。

(3) 解答 **2**

A:「お父さん，この箱を私の部屋に持っていってくれない？　とても**重くて**，私には動かせないの」
B:「いいよ，カナ。お父さんがやるよ」

解説　A の 2 つ目の発言の主語の It と空所後の move it の it は前の文の this box を指す。父親に箱を運んでもらいたいのは，箱が「重い」(heavy)からだと考えられる。**1** nervous「緊張した」，**3** bright「明るい」，**4** useful「役に立つ」。

(4) 解答 **4**

A:「サッカーの試合はどうだった？」
B:「**わくわくした**よ。ぼくたちの学校のチームが勝ったんだ！」

解説　選択肢には **1** boring「退屈な」と **4** exciting「わくわくさせる」という反対の意味の形容詞が含まれている。B の発言の主語の It は the soccer game のことで，空所後の「ぼくたちの学校のチームが勝った」という内容から，exciting「わくわくさせる」が合う。**2** traditional「伝統的な」，**3** quiet「静かな」。

(5) 解答 **3**

「みんながジェーンの間違いを笑った。彼女はとても怒って，何も言わ**ずに**部屋を出ていった」

解説　適切な前置詞を選ぶ問題。怒ったジェーンの行動を考えると，**3** を入れて「何も言わずに部屋を出ていった」とするのが適切。〈without＋動詞の-ing 形〉で「～することなしに，～せずに」という意味。**1** since「～（して）以来」，**2** through「～を通して」，**4** during「～の間（じゅう）」。

問題 ➡ 本冊 p.21

合格 LESSON 4 やってみよう！

(1) 解答 **2**

A:「今日はとても寒いわよ。あなたは上着**を着た**ほうがいいわ」
B:「わかった，そうするよ，お母さん」

解説　空所後の your jacket「あなたの上着」と合う動作は put on ～「～を着る」である。**1** は turn on ～で「（電源や明かり）をつける」という意味。**3** fit「（形や大きさが）～に合う」，**4** set「～を設定する」。

(2) 解答 **3**

A:「ベン，部屋を出るときは明かり**を消して**くれる？」
B:「わかったよ，お父さん」

解説　turn とセットで使う語が問われている。空所後の the light「明かり」との意味的なつながりから，turn off ～「（電源や明かり）を消す」が適切。**1** into「～の中に」，**2** by「～のそばに」，**4** from「～から」。

(3) 解答 **1**

「昨夜，花火大会を見に行ったとき，私は大いに**楽しんだ**」

解説　空所後の a lot of fun とともに熟語を作る動詞が問われている。have fun で「楽しむ」，have a lot of fun で「大いに楽しむ」という意味。したがって，空所には have の過去形 had が適切。have fun と同じ意味の表現で，have a good time「楽しい時を過ごす」，enjoy「〜を楽しむ」も覚えておこう。それぞれ **2** make「〜を作る」，**3** take「〜を取る」，**4** get「〜を得る」の過去形。

(4) 解答 **2**

A:「私はプロのピアニストになって世界中を旅して回りたい」

B:「きっと君の夢は**かなう**と思うよ」

解説 I'm sure (that) 〜は「〜だと確信している，きっと〜と思う」という意味。your dream に対し，come true「（夢や希望などが）かなう」が合う。**1** go「行く」，**3** play「（スポーツ・ゲームなど）をする，〜を演奏する」，**4** bring「〜を持ってくる」。

(5) 解答 **4**

A:「あなたはどこの出身なの，ポール？」

B:「ぼくはサンフランシスコで生まれて，ボストンで**育ったよ**」

解説 空所後の up とセットで使う動詞が問われている。出身地が話題なので，grew up「成長した，育った」が適切。grew は grow の過去形。**1** の hurried は hurry の過去形で，hurry up で「急ぐ」という意味。**2** は leave「〜を去る」の過去形。**3** の picked は pick の過去形で，pick up 〜で「〜を車で迎えに行く」という意味。

問題 ➡ 本冊 p.23

 合格 LESSON 5 やってみよう！

(1) 解答 **2**

A:「マットはまた学校**を休んでいる**の？」

B:「はい，ブラウン先生。彼の風邪はまだとてもひどいらしいです」

解説 be absent from 〜で「〜を欠席している」という意味。from の部分が空所になっても解けるようにしておこう。ほかの選択肢はそれぞれ，**1** は be full of 〜「〜でいっぱいである」，**3** は be late for 〜「〜に遅れる」，**4** は be different from 〜「〜と異なる」という熟語で覚えておこう。

(2) 解答 **3**

「ルーシーは今日，テニスの試合に勝った。彼女の両親は彼女を**とても誇りに思っている**」

解説 proud とセットで使う前置詞が問われている。be proud of 〜で「〜を誇りに思う」という意味。**1** from「〜から」，**2** in「〜の中に」，**4** with「〜といっしょに」。

(3) 解答 **1**

「今朝，私は**いつものように** 6 時に起きたが，早めに家を出た。授業の前に野球の練習があったのだ」

解説 空所後の usual とセットで使う語が問われている。as usual で「いつものように」という意味。**2** on「〜の上に」，**3** for「〜のために」，**4** by「〜のそばに」。

(4) 解答 **4**

A:「こんにちは。イケダさんとの面接のために来ました」

B:「ここでお待ちください。彼は**数分で**戻ってきます」

解説 a few 〜は「（数が）少しの〜，2，3 の〜」。in a few minutes で「数分で，2，3 分で」という意味になる。このとき，時間の経過を表す in「〜後に，〜たてば」の意味も覚えておこう。**3** の little は a little 〜で「（量が）少しの〜，ちょっと」という意味だが，数えられない名詞について用いる。**1** big「大きな」，**2** many「多くの」。

(5) 解答 **1**

「カレンは 3 **歳のときに**バイオリンを習い始めた」

解説 at the age of 〜で「〜歳のときに」という意味。at や of の部分が空所になっても解けるようにしておこう。ほかの選択肢はそれぞれ，**2** は in front of 〜「〜の前で」，**3** は on *one's* way to 〜「〜へ行く途中で」，**4** は a pair of 〜「1 組の〜，1 対の〜」という熟語で覚えておこう。

問題 ➡ 本冊 p.24〜25

合格 LESSON 1〜5 チェックテスト

(1) 解答 **3**

「今日は天気がいいから，昼食を食べに**外に行こう**」

解説 熟語の問題。go out で「外に出る，出かける」という意味。go out for 〜で「〜のために出かける」という意味。eat out「外食する」もいっしょに覚えておこう。**1** は go into 〜で「〜の中に入る」，**2** は of「〜の」，**4** は go down で「階下に降りる」。

(2) 解答 **1**

A:「お父さん，あの本を取りたいのだけど，私には高すぎて**手が届か**ないわ」

B:「お父さんが取ってあげるよ」

解説　動詞の問題。空所前後の it は that book を指す。too ~ to ... は「あまりに~なので，…できない」という意味で，A は it's too high for me to ... で「本があまりに高いところにあるので，私は…できない」と言っている。よって，reach「~に手が届く」が正解。**2** receive「~を受け取る」，**3** explain「~を説明する」，**4** lend「~を貸す」。

(3) 解答 **4**

A:「もう友達と遊びに行ってもいい，お母さん？」

B:「行ってもいいけど，**暗く**なる前に家に帰ってきなさいね」

解説　形容詞の問題。遊びに出かける子供に母親は何と言っているか。dark「暗い」を入れて「暗くなる前に家に帰ってきなさい」とするのが自然。〈get＋形容詞〉で「~になる」という意味。**1** dirty「汚れた」，**2** helpful「役に立つ」，**3** difficult「難しい」。

(4) 解答 **4**

「私の学校には多くの**規則**があり，生徒たちはそれらにしたがわなければならない」

解説　名詞の問題。空所に rules「規則」を入れると，文の後半が follow them (= rules)「規則にしたがう」となり，文意が通る。このように，空所に入る名詞があとで代名詞に置き換わって使われる場合もあるので確認しておこう。それぞれ **1** subject「教科，（Eメールの）件名」，**2** hole「穴」，**3** type「種類」の複数形。

(5) 解答 **3**

A:「あの塔のいちばん上まで上らない，フランク？」

B:「悪いけど，できないよ。ぼくは高いところ**が怖**いんだ」

解説　熟語の問題。be afraid of ~ で「~を怖がる」。空所後の height(s) は「高さ，高いところ」という意味の名詞だが，この単語を知らなくても be afraid of という熟語を知っていれば of が選べるだろう。**1** from「~から」，**2** by「~のそばに」，**4** at「~に」。

(6) 解答 **2**

「昨夜，隣人が盛大なパーティーをしていたので，私はあまり勉強できなかった。彼らが10時に**静かに**なるまで待たなければならなかった」

解説　形容詞の問題。隣人がパーティーをしていたためうるさくてあまり勉強できなかったという状況を押さえよう。〈become＋形容詞〉は「~になる」という意味で，quiet「静かな」が正解。2文目は言い換えると，「10時にようやく静かになって勉強ができた」ということ。**1** noisy「うるさい」，**3** round「丸い」，**4** enjoyable「楽しい」。

(7) 解答 **3**

A:「すみません。デイブ・ジョンソンさんの事務所はどこですか」

B:「10**階**にあります。あちらにエレベーターがあります」

解説　名詞の問題。空所を含む文の主語 It は Dave Johnson's office「デイブ・ジョンソンさんの事務所」のことで，事務所の場所を答えている状況。よって，floor「階」が適切。〈on the＋序数詞＋floor〉で「~階に」という意味。**1** space「空間，宇宙」，**2** line「線，列」，**4** sign「看板，標識」。

(8) 解答 **2**

A:「スタジアムへの行き方を教えていただけますか」

B:「まっすぐ進んで，橋**を渡って**ください。左手にあります」

解説　動詞の問題。目的語の the bridge「橋」に合う動詞は cross「~を渡る」である。**1** boil「~をゆでる」，**3** turn「曲がる」，**4** move「~を動かす」。

(9) 解答 **4**

「リンダは昨年の夏にパリに行った。彼女はフランス語が**まったく**わから**ない**が，すばらしい時を過ごした」

解説　熟語の問題。not ~ at all で「まったく~ない」という意味。ほかにも，either A or B「A か B のどちらか」や，both A and B「A も B も（両方とも）」，between A and B「A と B の間に」のような熟語の問題では，not, or, and のような少し離れた語に気づくかどうかがポイントになる。**3** の never は1語で「決して~ない」という否定の意味を表す。

(10) 解答 **1**

「先月，休暇で，私は家族で沖縄に行った。私たち

は不在にしている間，おじに私たちの飼い犬**の世話をするように**頼んだ」

解説　熟語の問題。空所後の care of とともに熟語を作る動詞が問われている。家族で沖縄に行っている間，犬をどうするように頼んだのか。take care of ～「～の世話をする」という熟語を知っていれば take が選べるだろう。**2** give「～を与える」，**3** make「～を作る」，**4** have「～を持っている」。

問題 ➡ 本冊 p.27

LESSON 6 やってみよう！

(1) **解答** **3**

「私は先生によってクラスのみんなに**紹介された**」

解説　be 動詞のあとの動詞の形を選ぶ問題は，主に -ing 形を入れて「～している［していた］」と進行形にするか，過去分詞を入れて「～される［～された］」と受け身にするかのどちらかである。この文は「私は～によって<u>紹介された</u>」という受け身の意味関係なので，過去分詞の introduced が正解。introduce *A* to *B* で「A を B に紹介する」という意味。

(2) **解答** **2**

「高価な絵画が美術館から**盗まれた**」

解説　「絵画が盗まれた」という受け身の意味関係なので，steal の過去分詞 stolen が正解。**3** の stole は過去形。このように by ～「～によって」がない受け身の文もよくある。

(3) **解答** **4**

A:「その寺はいつ**建てられた**のですか」
B:「500 年以上前です」

解説　動詞の built は build「～を建てる」の過去形・過去分詞。寺は「建てられる」ものなので，受け身の文である。受け身の疑問文は be 動詞を主語の前に置く。また，B の応答内容から過去の文なので，was が正解。

(4) **解答** **3**

A:「あなたの国では何語が**話されていますか**」
B:「ほとんどの人々がスペイン語と英語を話します」

解説　主語が What languages「何語」で，動詞が are (　　　) の疑問文である。言語は「話される」ものなので，受け身の疑問文にする。speak の過去

分詞 spoken が正解。**2** の spoke は過去形。

(5) **解答** **1**

A:「科学の本を読んでいるの，サム？」
B:「うん。これはぼくの大好きな作家によって**書かれた**んだ」

解説　主語の This は a science book を指す。「本が～によって<u>書かれた</u>」という受け身の意味関係なので，write の過去分詞 written が正解。**3** の wrote は過去形。

問題 ➡ 本冊 p.29

LESSON 7 やってみよう！

(1) **解答** **2**

A:「テレビを見ているのかい，ジャック？」
B:「そうだよ，お父さん。ぼくはもう宿題**を終えた**よ」

解説　I've は I have の短縮形。現在完了の文で，finish の過去分詞 finished が正解。〈have [has] already＋過去分詞〉で「もう～した」という意味。

(2) **解答** **4**

「アリスは日本料理が大好きだが，彼女は一度も日本に**行ったことがない**」

解説　has に着目して，現在完了の文と見抜こう。〈have [has]＋過去分詞〉で「～したことがある」と経験を表す。been は，have [has] been to ～ で「～に行ったことがある」という意味になる。また，never は「一度も～ない」という否定の意味。

(3) **解答** **3**

A:「遅れてごめん」
B:「大丈夫。野球の試合はまだ**始まっていない**よ」

解説　hasn't は has not の短縮形。現在完了の否定文で，〈have [has] not＋過去分詞～＋yet〉で「まだ～していない」という意味。begin の過去分詞 begun が正解。**2** の began は過去形。

(4) **解答** **2**

A:「**今までに**コアラを見たことはある？」
B:「うん。昨年，シドニーの動物園で何頭か見たよ」

解説　Have と過去分詞の seen に着目して，現在完了の疑問文と見抜こう。〈Have [Has]＋主語＋ever＋過去分詞～ ?〉「今までに～したことはあり

ますか」は経験を尋ねる表現。ever は「今までに」という意味で過去分詞の前に置く。**1** yet「(疑問文で)もう，(否定文で)まだ」，**3** already「もう，すでに」，**4** never「一度も〜ない」。

(5) 解答 **1**

A:「あなたたちはどれくらいの間お互い**を知っていますか**」

B:「私たちは小学校で初めて会いました」

解説 have に着目して，現在完了の疑問文と見抜こう。〈How long have [has]＋主語＋過去分詞〜?〉で「どのくらいの間〜しているか」と継続期間を尋ねる表現。know の過去分詞 known が正解。**3** の knew は過去形。

問題 ➡ 本冊 p.31

合格 LESSON 8 やってみよう!

(1) 解答 **1**

A:「図書館に行くの，サイモン？」

B:「うん。ミカがぼくに英語の宿題を**手伝うように**頼んだんだ」

解説 〈ask＋人＋to＋動詞の原形〉で「(人)に〜るように頼む」という意味。to help が正解。〈help＋人＋with 〜〉「(人)の〜を手伝う」という表現も確認しておこう。

(2) 解答 **2**

「フレッドは宇宙飛行士になりたいと思っている。彼にとって宇宙について**知ること**はわくわくする」

解説 〈It is 〜 (for＋人) to＋動詞の原形〉で「(人にとって)…することは〜だ」という意味。to learn が正解。この It は to learn 以下を指し，「それ」という意味ではないので注意。

(3) 解答 **3**

「今日，私はテニス**を練習するために**朝早く起きた」

解説 〈to＋動詞の原形〉が「〜するために」という目的を表す文。to practice が正解。

(4) 解答 **4**

「子供たち**にとって**本をたくさん読むことはいいことだと私は思う」

解説 I think (that) のあとに〈It is 〜 (for＋人) to＋動詞の原形〉「(人にとって)…することは〜だ」の文が続いている形。for が正解。**1** about「〜につ

いて」，**2** with「〜といっしょに」，**3** by「〜のそばに，〜によって」。

(5) 解答 **3**

A:「真面目な顔をしているね，お父さん」

B:「うん。あなたに**言うべき**大事なことがあるんだ」

解説 something important to tell you で「あなたに言うべき大事なこと」という意味。to tell you が前の something important を修飾する構造。to tell が正解。

問題 ➡ 本冊 p.33

合格 LESSON 9 やってみよう!

(1) 解答 **2**

A:「すみません。駅への行き**方**を教えていただけませんか」

B:「あそこの本屋で右に曲がってください」

解説 文脈に合う疑問詞を入れる〈疑問詞＋to＋動詞の原形〉の問題。〈how to＋動詞の原形〉で「どのように〜すればいいか，〜する方法，〜の仕方」という意味。how to get to 〜「〜への行き方」という表現をこのまま覚えておこう。**1** は〈what to＋動詞の原形〉で「何を〜すればいいか」という意味。余裕があれば，〈when to＋動詞の原形〉「いつ〜すればいいか」と〈where to＋動詞の原形〉「どこで[へ]〜すればいいか」も覚えておこう。

(2) 解答 **1**

A:「**だれが**この絵を描いたか知ってる？」

B:「マイクだよ。彼は美術が得意なんだ」

解説 文脈に合う疑問詞を入れる間接疑問の問題。B が「マイクが描いた」と答えているので，「人物」を問う who が適切。〈who＋動詞〉で「だれが〜する[した]か」という意味。Do you know のあとに〈疑問詞(＝主語)＋動詞〉という語順が続いていることも確認しておこう。

(3) 解答 **3**

A:「グリーン先生，明日の遠足に**何を**持っていけばいいか教えていただけますか」

B:「お弁当とお水を持ってきてください」

解説 〈疑問詞＋to＋動詞の原形〉の問題。B の先生が具体的に持参すべき物を答えているので，「何」を問う what が適切。〈what to＋動詞の原形〉で「何を〜すればいいか」という意味。

(4) 解答 **4**

A:「昨日, **なぜ**宿題をしなかったのかを言いなさい, ピーター」

B:「ごめんなさい, ジャクソン先生。熱があったのです」

解説 間接疑問の問題。B の「熱があった」は, 昨日宿題をしなかった理由と考えられるので,「理由」を問う why が適切。〈why＋主語＋動詞〉で,「なぜ～する[した]か」という意味。Tell me のあとの〈疑問詞＋主語＋動詞〉の語順も確認しておこう。

(5) 解答 **4**

A:「すみません。**どこで**バスの切符が買えるか教えてもらえますか」

B:「あそこに券売機があります」

解説 間接疑問の問題。B が券売機の場所を教えていることから,「場所」を問う where が適切。〈where＋主語＋動詞〉で,「どこで[へ]～するか」という意味。この文は Can you tell me where to get a bus ticket? と言うこともできる。

問題 ➡ 本冊 p.35

合格 LESSON 10 やってみよう！

(1) 解答 **3**

「私はマイケルの音楽が好きだ。彼の歌は**私を**幸せな気持ちにする」

解説 make *AB* の問題。make *AB* で「A を B（の状態）にする」という意味。A に代名詞がくるときは「～を」の形になるので, me「私を」が正解。**1** we「私たちは」, **2** my「私の」, **4** our「私たちの」。

(2) 解答 **3**

A:「私たちはサッカースタジアムに行きたいです。**私たちに**道順を教えてもらえますか」

B:「いいですよ」

解説 show *AB* の問題。だれに道を教えるかというと, A の発言の 1 文目の内容から,「私たち」である。〈show＋人＋もの〉で「（人）に（もの）を見せる, 教える」という意味。（人）に代名詞がくるときは「～に」の形になるので, us「私たちに」が正解。**1** we「私たちは」, **2** our「私たちの」, **4** ours「私たちのもの」。

(3) 解答 **2**

「学校は修学旅行で海外へ行くことに決定した。そ

の知らせは生徒みんなを興奮させた」

解説 make *AB* の問題。空所後の all the students（名詞）と excited（形容詞）の意味関係から, make *AB*「A を B（の状態）にする」を用いると文意が通る。The news は 1 文目から「学校が修学旅行で海外へ行くことに決定したこと」。make は〈make＋人＋もの〉または〈make＋もの＋for＋人〉で「（人）に（もの）を作る」の意味もあるので適切に使い分けよう。

(4) 解答 **4**

「私は祖父母のところに行くのが好きだ。彼らはよく私に興味深い話**を話してくれる**」

解説 tell *AB* の問題。空所後の me（代名詞）と interesting stories（名詞）の意味関係から,〈tell＋人＋もの〉「（人）に（もの）を話す」を用いると文意が通る。また, tell は「（人）に（もの）を教える」の意味でもよく使うので確認しておこう。例：Can you tell me the way?「道を教えてもらえますか」

(5) 解答 **1**

「明日は私の両親の 20 回目の結婚記念日だ。私は**彼らにきれいな花を贈る**つもりだ」

解説 give *AB* の問題。だれに花を贈るかというと, 1 文目の内容から my parents「私の両親」である。〈give＋人＋もの〉「（人）に（もの）を与える, あげる, 贈る」の文で,（人）に代名詞がくるときは「～に」の形になるので, them「彼らに」が正解。**2** they「彼らは」, **3** their「彼らの」, **4** theirs「彼らのもの」。

問題 ➡ 本冊 p.36 ～ 37

合格 LESSON 6 ～ 10 チェックテスト

(1) 解答 **4**

A:「私にはこのコンピューターの使い**方**がわかりません」

B:「ぼくが教えてあげましょう」

解説 〈疑問詞＋to＋動詞の原形〉の問題。〈how to＋動詞の原形〉で「どのように～すればいいか, ～する方法, ～の仕方」という意味。

(2) 解答 **2**

「ジョージは長い間日本に**住んでいる**ので, 日本人の友達がたくさんいる」

解説 空所の前の has に着目して, 現在完了の文

と見抜こう。過去分詞の lived が正解。継続用法では for a long time「長い間」のような「期間を表す語句」がよく用いられる。

(3) 解答 2

A:「サリーが**どこに**いるか知っている，お父さん？」
B:「彼女はお風呂に入っているよ」

解説　間接疑問の問題。B（父親）が「彼女（サリー）はお風呂に入っている」と答えていることから，「場所」を問う where が適切。〈where＋主語＋is [are]〉で「～はどこにいるか」という意味。

(4) 解答 4

「音楽祭の公式 T シャツはある有名歌手によって**デザインされた**」

解説　空所が be 動詞と by の間にある場合は受け身の文のことが多い。「T シャツがデザインされた」という受け身の意味関係なので，過去分詞の designed が正解。

(5) 解答 1

「アキラにとってアルバイト**をしていること**は重要だ。彼には大学へ行くお金が必要なのだ」

解説　〈It is ～（for＋人）to＋動詞の原形〉「（人にとって）…することは～だ」の文で，to have が正解。have a part-time job は「パートタイムの職を持っている，アルバイトをしている」という意味。

(6) 解答 3

「エミリーは来月，ピアノのコンクールがある。彼女のピアノの先生は彼女に，毎日 2 時間**練習するように**言った」

解説　〈tell＋人＋to＋動詞の原形〉「（人）に～するように言う」の文で，to practice が正解。

(7) 解答 3

「デイビッドはマリに何度も悪いことを言った。そのことが**彼女を**とても怒らせた」

解説　make *AB*「A を B（の状態）にする」の文。A にくる代名詞は「～を」の形になるので，her「彼女を」が正解。**1** she「彼女は」，**2** herself「彼女自身」，**4** hers「彼女のもの」。

(8) 解答 3

A:「ウェンディ，もう宿題**は終わった**の？」
B:「今日，宿題はないよ，お母さん」

解説　have に着目して，現在完了の疑問文と見抜こう。過去分詞の finished が正解。yet は疑問文で「もう」，否定文で「まだ」という意味になることも確認しよう。

(9) 解答 1

「デイブはよくスーパーマーケットの前でギターを弾いているので，地元の人に**知られている**」

解説　空所の前に be 動詞がある。「デイブは知られている」という受け身の関係が適切なので，過去分詞の known が正解。be known to ～ で「～に知られている」という意味。

(10) 解答 1

A:「あなたの祖父母があなたに会えなくてとても寂しがっているわ。**彼らに**手紙を送ったらどう？」
B:「わかった。そうするわ」

解説　だれに手紙を送るかというと，A の発言の 1 文目にある Your grandparents なので，they「彼ら」の変化形が入る。〈send＋人＋もの〉「（人）に（もの）を送る」の文で，（人）にくる代名詞は「～に」の形になるので，them「彼らに」が正解。**2** you「あなた（たち）に [を／は]」，**3** their「彼らの」，**4** us「私たちに [を]」。

問題➡本冊 p.39

合格
LESSON 11 やってみよう！

(1) 解答 1

A:「スズキさんは東京に引っ越すんだ**よね？**」
B:「いいえ，彼女は横浜に引っ越すのよ」

解説　付加疑問の問題。肯定文では〈肯定文，否定形＋主語（代名詞）?〉の形になる。問題ではこの「否定形」の部分がよく空所になり，前の動詞の形から判断する。この文では be 動詞が is なので，その否定形の isn't が正解。短縮形も覚えておく必要がある。

(2) 解答 2

A:「あなたのご両親はアメリカ出身です**よね？**」
B:「はい。彼らはニューヨーク生まれです」

解説　文の be 動詞が are なので，その否定形の aren't が正解。

(3) 解答 1

A:「ジャック，あなたは学園祭でダンスをするの**よ**

ね？」

B:「うん。それにはわくわくしているよ」

解説 you'll は you will の短縮形。文の助動詞が will なので，否定形の won't が正解。

(4) **解答** 3

A:「ショッピングモールへ行くバスはここから出発します**よね？**」

B:「そう思います」

解説 肯定文で動詞が一般動詞の場合，付加疑問の「否定形」の部分は don't，doesn't，didn't のいずれかになる。この文の動詞は leaves で，三人称単数・現在なので，doesn't が正解。

(5) **解答** 4

A:「ティム，今朝，お弁当を持っていくのを忘れた**でしょう？**」

B:「ごめんなさい，お母さん」

解説 文の動詞は forgot。一般動詞の過去形なので，didn't が正解。

問題 ➡ 本冊 p.41

やってみよう！

(1) **解答** 1

「スミス一家は大都市から田舎に引っ越した。今，彼らの生活は以前より**静かだ**」

解説 選択肢には quiet とその変化形が並んでいる。空所後に than「〜よりも」があるので，形容詞 quiet「静かな」の比較級の quieter が適切。4 の quietly は「静かに」という副詞。

(2) **解答** 2

「この冬は昨年の冬よりもずっと**暖か**かったので，私たちの町では雪が降らなかった」

解説 選択肢のうち 3 つは形容詞 warm「暖かい」とその変化形。空所後に than「〜よりも」があるので比較級の warmer が正解。4 の most は many / much の最上級。

(3) **解答** 4

「それは私の人生で**最悪の**日だった。私の自転車が盗まれ，飼い犬が逃げ出した」

解説 空所は the と day の間にあり，後ろの名詞 day「日」を修飾する形容詞が入る。2 文目の内容から，どんな日だったかを考えると，bad「悪い」の最

上級 worst「最も悪い，最悪の」が適切。1 の all は「すべての」，2 の more は many / much「多数の／多量の」の比較級，3 の much は「（比較級を強めて）ずいぶん，ずっと」。

(4) **解答** 2

「ケイはクラスのほかの**どの**生徒よりも速く走る」

解説 〈比較級＋than any other＋単数名詞〉「ほかのどの（単数名詞）よりも〜」という表現で，any が正解。比較級を使って最上級の意味になる構文。このまま覚えておこう。1 no「少しも〜ない」，3 all「すべての」，4 many「多数の」。

(5) **解答** 3

「ミックはサッカー部のメンバーだ。彼はチームで**いちばん上手にボールをけることができる**」

解説 選択肢には well「上手に」，good「よい」，bad「悪い」などの変化形が並んでいる。「いちばん上手にボールをけることができる」という意味がふさわしいので，well「上手に」の最上級 best が正解。そのほか，like 〜 better than ...「…よりも〜が好き」，like 〜 (the) best「〜がいちばん好き」という表現も知っておこう。

問題 ➡ 本冊 p.43

やってみよう！

(1) **解答** 3

A:「あそこで本を**読んでいる**あの女の子はだれ？」

B:「あれは私の姉 [妹] よ」

解説 動詞 read「〜を読む」の適切な形を選ぶ問題。reading a book over there「あそこで本を読んでいる」が前の名詞 that girl を修飾する構造で，現在分詞（動詞の -ing 形）の reading が正解。修飾される名詞（ここでは that girl）と空所に入る動詞（ここでは read）が「〜している（名詞）」という意味関係のときは現在分詞を用いる。

(2) **解答** 2

「私の家族はジョージ**という**白い小犬を飼っている」

解説 called George「ジョージと呼ばれる」が前の名詞 a little white dog を修飾する構造で，過去分詞 called が正解。A called B で「B と呼ばれる A，B という A」という意味。修飾される名詞（ここでは a little white dog）と空所に入る動詞（ここでは call）が「〜される（名詞）」という意味関係の

ときは過去分詞を用いる。

(3) 解答 **4**

「私が家をそうじしていたとき，美しい島で**撮られた**写真を何枚か見つけた」

解説　taken on a beautiful island「美しい島で撮られた」が前の名詞 some pictures を修飾する構造で，過去分詞 taken が正解。

(4) 解答 **1**

A:「木で**眠っている**あの小さなコアラを見て」
B:「まあ，かわいいね！」

解説　sleeping in the tree「木で眠っている」が前の名詞 that small koala を修飾する構造で，現在分詞 sleeping が正解。

(5) 解答 **2**

A:「とてもたくさんの服を持っているのね，スーザン！」
B:「ええ。これらは私のおばによって**作られた**ドレスよ。それらをすごく気に入っているの」

解説　made by my aunt「私のおばによって作られた」が前の名詞 dresses を修飾する構造で，過去分詞 made が正解。

問題 ➡ 本冊 p.45

合格 LESSON 14 やってみよう！

(1) 解答 **2**

「この辞書は**英語を学んでいる日本人学生**にとってよい」

解説　関係代名詞を選ぶ問題。who are learning English「英語を学んでいる」が前の名詞 Japanese students を修飾する構造。修飾される名詞（ここでは Japanese students）が「人」の場合，関係代名詞には who を用いる。

(2) 解答 **2**

「サイモンは**混んでいてさわがしい**レストランで食事をするのが好きではない」

解説　that are crowded and noisy「混んでいてさわがしい」が前の名詞 restaurants を修飾する構造。修飾される名詞（ここでは restaurants）が「もの」の場合，関係代名詞には that または which を用いる。

(3) 解答 **4**

「**その野球チームに入りたい子供たち**はテストを受けなければならない」

解説　who want to join the baseball team「その野球チームに入りたい」が前の名詞 Children を修飾する構造。Children は「人」なので，who が正解。Children who want to join the baseball team が文の主語で，動詞は have to take である。

(4) 解答 **4**

「夏祭りで，私は**母親が私の学校の数学の先生である男の子**に会った」

解説　空所後に名詞 mother があり，修飾される名詞 a boy との関係を考えると，「男の子の母親」という意味関係なので，whose が正解。

(5) 解答 **1**

A:「すみません。**東京駅へ行くバス**を探しています」
B:「20番のバスがそこへ行きますよ」

解説　which goes to Tokyo Station「東京駅へ行く」が前の名詞 the bus を修飾する構造。修飾される名詞（ここでは the bus）が「もの」の場合，関係代名詞には that または which を用いる。

問題 ➡ 本冊 p.46 ～ 47

合格 LESSON 11～14 チェックテスト

(1) 解答 **2**

A:「お父さんは私のサッカーの試合にいた**よね？**」
B:「ええ。彼は試合を見ていたわよ」

解説　付加疑問の問題。肯定文なので〈肯定文，否定形＋主語（代名詞）？〉の形になる。be 動詞が was なので，否定形の wasn't が正解。

(2) 解答 **3**

A:「あなたのお母さんと**話している**あの男性はだれ？」
B:「あれは私の英語の先生よ」

解説　〈分詞＋語句〉が前の名詞を修飾する問題。talking to your mother「あなたのお母さんと話している」が前の名詞 that man を修飾する構造で，現在分詞 talking が正解。talk to ～ で「～と話す」という意味。

(3) 解答 **1**

「この本は**世界中のさまざまな文化について学びたい人々**にとってよい」

解説 関係代名詞の問題。<u>who</u> want to learn about different cultures around the world「世界中のさまざまな文化について学びたい」が前の名詞 people を修飾する構造。修飾される名詞が「人」なので who が適切。

(4) 解答 **2**

「ベンは彼の音楽のクラスでほかのどの生徒よりも**上手に歌うことができる**」

解説 比較の問題。〈比較級＋than any other＋単数名詞〉で「ほかのどの（単数名詞）よりも〜」という意味。副詞 well「上手に」の比較級 better が正解。

(5) 解答 **4**

「ネイサンはインドで**話されている**言語がわからなかったが，彼はその国をとても気に入った」

解説 〈分詞＋語句〉が前の名詞を修飾する問題。spoken in India「インドで話されている」が前の名詞 the languages を修飾する構造で，過去分詞 spoken が正解。

(6) 解答 **1**

A:「あなたはスペインに旅行に行った**よね？**」
B:「ええ。そこではとても楽しい時を過ごしたわ」

解説 付加疑問の問題。動詞の took は take の過去形で，一般動詞の過去形の場合，否定形は didn't となる。

(7) 解答 **3**

「この音楽祭ではこれがすべてのバンドの中で**いちばん上手**だったと思う」

解説 比較の問題。〈the＋最上級＋of all 〜〉で「すべての〜の中でいちばん…」という意味。good「よい，上手な」の最上級の best が文意に合う。

(8) 解答 **2**

「カレンは**リボンのついたお気に入りの帽子**をなくしたとき，とても悲しかった」

解説 関係代名詞の問題。<u>that</u> had a ribbon on it「それ（＝帽子）にリボンのついた」が前の名詞 her favorite hat を修飾する構造。修飾される名詞が「もの」なので that が適切。

 合格 LESSON **15** やってみよう！

(1) 解答 **2**

男の子：「君はピアノがとても上手だね。**どのくらいの頻度でレッスンがあるの？**」
女の子：「週に2回よ。私は毎日たくさん練習するから，自由な時間があまりないの」
1 いつそれを手に入れたの？
2 どのくらいの頻度でレッスンがあるの？
3 それをどれくらい持っているの？
4 どんな音楽が好きなの？

解説 空所には疑問文が入るので，応答内容がポイントになる。女の子の「週に2回」という応答に合うのは，How often 〜?を用いて頻度を尋ねている **2**。ほかの選択肢はどれも前からの流れには合うので，空所のあとをきちんと読もう。

(2) 解答 **1**

妻：「夕食を食べに行かない？」
夫：「いいよ。**中華料理はどう？**」
妻：「いいわね。駅のそばの新しいレストランに行ってみましょう」
1 中華料理はどう？
2 昼食は何を食べたの？
3 どんな食べ物が好き？
4 ぼくのために料理をしてもらえる？

解説 妻の最初の発言の Can we 〜?「〜しませんか」は提案・勧誘の表現。外食を提案する妻に対し，夫は Sure. と賛成している。さらに夫の空所の発言を受けて，妻は Sounds good. と賛成しているので，空所には具体的に「中華料理」を提案する **1** が合う。

(3) 解答 **3**

店員：「いらっしゃいませ，お客様」
客：「これらのシャツが気に入っています。**試着してもいいですか**」
店員：「かしこまりました。試着室にご案内します」
1 これらはいくらですか。
2 彼らはどこの出身ですか。
3 試着してもいいですか。
4 何時に閉まりますか。

解説 店内での客と店員の会話。空所後で店員が客を試着室（fitting room）に案内しようとしているので，**3** が適切。try 〜 on は「〜を試着する」という意味で，them は these shirts のこと。前から

の流れでは値段を尋ねる **1** も自然だが，そのあと
の店員の応答内容に合わない。

で，**2** Don't worry. 「心配しないで」が流れに合う。

問題 ➡ 本冊 p.51

 合格 LESSON
16 やってみよう！

(1) 解答 **3**
母親：「数学のテストはどうだった，スティーブ？」
息子：「**あまりよくなかったよ。** いくつか間違えた」
1 とても楽しかったよ。
2 急いで。
3 あまりよくなかったよ。
4 具合はよくなったよ。
解説 How was ～ ? 「～はどうでしたか」の表現
で，母親が息子にテストの結果・感想を尋ねている。
空所後に「いくつか間違えた」というネガティブな
内容が続くことから，**3** が適切。

(2) 解答 **4**
妻：「今年の冬は何か違ったことがしたいわ。スキー
　　に行かない？」
夫：「**いい考えだね。** 泊まるところを探すよ」
1 そうでないといいな。
2 家にいようよ。
3 とても楽しかったよ。
4 いい考えだね。
解説 Why don't we ～ ? 「～しませんか」の表現
で，妻が夫をスキーに誘っている。空所後の内容か
ら夫は誘いに応じていると判断して，**4** が適切。**1**
と **2** は誘いに応じない内容なので不適切。また，未
来の計画が話題なのに **3** のように過去のことを話
すのはおかしい。

(3) 解答 **2**
男の子：「明日スピーチコンテストがあるから，ぼ
　　　　くはとても緊張しているんだ」
女の子：「**心配しないで。** きっとあなたはうまくや
　　　　れるわ」
1 ちょっと待って。
2 心配しないで。
3 先生が私にそれをくれたの。
4 私は週末ずっと勉強したよ。
解説 男の子の発言から，明日のスピーチコンテ
ストへの不安の気持ちを読み取ろう。これを聞い
た女の子が何と返事をしたか。空所後で I'm sure
you'll do well. と言って男の子を励ましているの

問題 ➡ 本冊 p.52 ～ 53

合格 LESSON
15～16 チェックテスト

(1) 解答 **3**
妻：「私のコーヒーにミルクを入れてくれる？」
夫：「わかった。**どれくらい必要？**」
妻：「少しだけお願い，ありがとう」
1 それはどう？
2 それはどれくらいかかる？
3 どれくらい必要？
4 どんな種類が好き？
解説 Could you ～ ? 「～してくれますか」は家族
や友達の間でもよく使う依頼表現。ここでは妻が夫
にコーヒーにミルクを入れるよう頼んでいる場面。
空所の質問を受けて妻が「少しだけ」と答えている
ので，ミルクの量を尋ねる **3** が適切。**3** は milk が
省略されているが，How much <u>milk</u> do you need?
ということ。**1** の How do you like ～ ? 「～はどう
ですか」という感想を尋ねる表現も覚えておこう。
例えば，日本在住の外国人に対し，How do you
like Japan? 「日本はどうですか」のように聞くこと
ができる。

(2) 解答 **2**
男性：「カナダへの旅行はどうだった？」
女性：「**楽しかったわ。** 友達のところに行って，彼
　　　女がたくさんの場所に連れていってくれたの」
1 明日，出発するの。
2 楽しかったわ。
3 風邪をひいていたの。
4 私はそのとき家にいたの。
解説 How was ～ ? 「～はどうでしたか」の表現
で，旅行の感想を尋ねている。女性は空所後で楽し
かったことを具体的に話しているので，**2** が適切。
過去の出来事が話題なのに **1** のように未来につい
て話すのは不適切。

(3) 解答 **2**
母親：「今朝洗った毛布はもうかわいているかしら？」
娘：「わからないわ。**私が行って見てこようか？**」
母親：「ええ，お願い」
1 どんな大きさがいい？
2 私が行って見てこようか？
3 天気はどう？

4 靴はどう？

解説　娘の応答の I don't know. は，「（今朝洗った毛布がもうかわいているかどうかは）わからない」ということ。空所後に母親が Yes, please. と返事をしていることから，「私が行って見てこようか？」という意味になる **2** が適切。Do you want me to 〜? / Shall I 〜? は「私が〜しましょうか」という申し出の表現。

(4)　解答　**1**

男の子：「シンディ，ぼくの本を返してくれない？来週必要なんだ」

女の子：「ごめんね。明日学校に持ってくるわ」

1 ごめんね。

2 それは面白い考えね。

3 あなたに 1 冊貸してもいいわよ。

4 まだ決めていないの。

解説　男の子は can you 〜?「〜してくれますか」という依頼表現で女の子に本を返してくれるようお願いしている。I need it next week. の it は my book のこと。女の子は空所後で「明日学校に持ってくる」と言っていることから，本を借りたままにしていることを謝っている **1** が適切。

(5)　解答　**4**

息子：「テスト勉強に疲れちゃった」

父親：「散歩に行ったらどうだい？」

息子：「いいね。今からそうするよ」

1 テストはいつなの？

2 何時に始めたの？

3 風邪の具合はどう？

4 散歩に行ったらどうだい？

解説　息子の発言の be tired of 〜は「〜に疲れた，〜にうんざりした」という意味。息子が Good idea. と答えているので，父親の発言としては散歩に行くことを提案している **4** が適切。Why don't you 〜? は「〜してはどうですか」という提案表現。息子の最後の I'll do that now. の that は「散歩に行くこと」。

(6)　解答　**3**

女性 1：「週末はどうだった？」

女性 2：「息子たちとレインボー湖に行ったわ。**少し雨が降った**けど，湖の周りを自転車に乗って楽しんだわよ」

1 あなたもそこへ行くべきよ，

2 私たちは代わりに家にいた，

3 少し雨が降った，

4 私は忙しすぎて行けなかった，

解説　空所が文の一部になっているパターンの問題。女性 2 は週末に息子たちと湖に行ったと言っている。空所後の but 以下の内容から，「少し雨が降ったけど，楽しんだ」という流れになる **3** が適切。but があるときは，〈悪い内容＋but＋よい内容〉または〈よい内容＋but＋悪い内容〉という対照的な内容が前後にくるので意識して読もう。女性 2 は湖に行ったので，「家にいた」，「行けなかった」という **2** や **4** は場面状況に合わない。

問題 ➡ 本冊 p.56 〜 57

合格 LESSON 17　やってみよう！

(1)　解答　**2**

「5 月 2 日以降，バンドメンバーがすることは」

1 音楽室に集まる。

2 午後 4 時に練習を始める。

3 音楽コンクールで演奏する。

4 いくつかのスポーツの試合を観戦する。

解説　5 月 2 日以降の情報は，掲示の中程にある変更事項の右側にある。変更後の練習時間は，Time: の部分に 4 p.m. to 6 p.m. とある。つまり，5 月 2 日以降の練習は午後 4 時に始まるので，**2** が正解。音楽室で練習するのは変更前のことなので，**1** は不適切。

(2)　解答　**4**

「4 月 23 日に何が起こるか」

1 学園祭が行われる。

2 クラーク先生が学校を辞める。

3 体育館でコンサートがある。

4 クラブのメンバーが別の先生に会う。

解説　4 月 23 日の情報は，掲示の最後の Ms. Clark will come to our practice on April 23, so ... から，クラーク先生が 4 月 23 日にバンドの練習に来ることがわかる。クラーク先生とは，その上の情報から，変更後のバンドの先生のこと。これを meet a different teacher「別の先生に会う」と表した **4** が正解。

全訳

バンドメンバーへのお知らせ

来月，学校バンドの練習にいくつかの変更があり

ます。このお知らせを読んで，クラブのメンバーに
伝えてください。

現在（4月）	⇒ 5月2日，月曜日以降
場所：音楽室	体育館（ステージ上）
時間：午後3時から午後5時	午後4時から午後6時
先生：ヒューストン先生	クラーク先生

　ほかの生徒が同じ時間帯（バスケットボール部が
午後4時から5時，卓球部が午後5時から6時）
に体育館を使用しますが，私たちはステージのみを
使用します。クラーク先生が4月23日の練習に来
ますので，その日の練習は休まないでくださいね！

問題 ➡ 本冊 p.60～61

LESSON 18 やってみよう！

(1) 解答 **4**
「メリッサのクラスはクリスマスイベントのために
ドーナツを何個用意するか」
1 20個。
2 40個。
3 60個。
4 100個。
解説　本文中の数字に関する問題。ドーナツを用
意する数は，1通目のEメールの We've decided
to prepare 100 doughnuts! から，**4** が正解。その
あとの「午前中に40個，午後に60個」は目標販売
数なので，惑わされないように注意。

(2) 解答 **2**
「ジョンの考えは」
1 いくつかのドーナツを家に持ち帰ること。
2 イベントで飲み物を売ること。
3 店からドーナツを買うこと。
4 カフェテリアからドーナツを運ぶこと。
解説　質問に John という人物が出てくるので，
Eメールの中からジョンについての情報をすばやく
探し出そう。1通目の中程の John said it's a good
idea to sell some juice, too, ... から，**2** が正解。
売れ残ったドーナツを家に持ち帰ることや，ドーナ
ツをカフェテリアから運ぶことは，いずれもジョン
の考えではないので **1** と **4** は不適切。**3** は，1通
目の Half of the girls will make doughnuts in the
cafeteria から，ドーナツは店で買うのではなくカ
フェテリアで作ることがわかるので不適切。

(3) 解答 **1**
「なぜ午後の遅い時間帯により多くの売り手が必要
になるのか」
1 彼らはドーナツを売るのに忙しくなる。
2 彼らは飲み物を売り始める。
3 何人かのクラスメートが家に帰る。
4 売り手のリーダーがいなくなる。
解説　質問と似た語句が2通目のEメールに
I think we will need more sellers late in the
afternoon because ... とある。「午後の遅い時
間帯により多くの売り手が必要になる」理由は，
because we will be very busy「とても忙しくな
るから」である。Why の質問には本文中の so や
because などの語句を手がかりにしよう。そのあ
との People will get hungry a few hours after
lunch! から，ローズは，昼食の数時間後にお腹を
空かせた人たちがドーナツを買いに来るので，売る
のに忙しくなるだろうと予測している。よって，**1**
が正解。

全訳
送信者：メリッサ・トンプソン
受信者：ローズ・ウィルソン
日付：12月20日
件名：クリスマスイベント

こんにちは，ローズ，
今度の土曜日のクリスマスイベントについてとても
わくわくしているわ。あなたが風邪のため，今日，
学校に来られなかったのは残念だわ。私たちのクラ
スは，イベントでのドーナツ販売について話し合っ
たわ。私たちは100個のドーナツを用意する
ことに決めたの！　午前中に40個，午後に60個
売ろうと思っているの。もしドーナツが残ったら，
家に持ち帰って食べたらいいわ。ジョンが，ジュー
スを売るのもいい考えだと言って，みんな賛成した
よ。彼とほかの何人かの男子が売るための飲み物
を用意するから，女子はそれについては何もする必
要はないわ。女子の半分はカフェテリアでドーナツ
を作って，残りの半分はドーナツの売り手になるの。
男子は物を運んだり飲み物を売ったりするよ。あな
たが明日，元気になって学校に来られるといいな。
愛を込めて，
メリッサ

送信者：ローズ・ウィルソン
受信者：メリッサ・トンプソン

日付：12月20日
件名：ずいぶんよくなったわ

こんにちは，メリッサ，
Eメールをありがとう。一日中寝ていたから，もう気分がよくなったわ。きっと明日は学校に行けると思う。クリスマスイベントが待ち切れないわ！ 私は一度もイベントで食べ物や飲み物を売ったことがないから，面白くなりそう。午後の遅い時間帯はとても忙しくなるから売り手がもっと必要になると思うの。人々は昼食の数時間後にお腹が空くもの！とにかく，あなたは午前中の売り手のリーダーで，私は午後のリーダーだから，どうなるか様子を見て，協力し合いましょう！
また明日ね，
ローズ

合格 LESSON 19 やってみよう！

(1) 解答 **4**

「ロッブリー・モンキー・フェスティバルでは」
1 人々がタイの歴史を祝う。
2 人々がサルの山に招かれる。
3 サルが村で問題を起こす。
4 サルが盛大な食事のために村にやってくる。

解説 ロッブリー・モンキー・フェスティバルという，タイで行われる一風変わったお祭りに関する説明文。第1段落ではお祭りの概要が説明されている。3文目の On this day, about 3,000 monkeys that live in the area are invited to a great meal. の部分から，**4** が正解。関係代名詞 that を含む文を読めるようにしておこう。同じ動詞 invite を用いた **2** に惑わされないように。また，サルは「ふだんは村で問題を起こすが，お祭りの日は食べるのに忙しくてそんなことはできない＝問題を起こさない」という文脈から，**3** は不適切。

(2) 解答 **1**

「なぜホテルのオーナーはそのお祭りを始めたのか」
1 自分の事業を助けたことに対してサルに感謝するため。
2 ホテルの象徴としてサルを利用するため。
3 サルがどれだけ優しいのかを人々に示すため。
4 ホテルの記念日を祝うため。

解説 Why の質問では本文中の because や so, to 不定詞（〜するために）を手がかりにしよう。お祭りが始まったきっかけについて書かれた第2段落を参照。7文目の The hotel owner wanted to thank the monkeys, and started this festival. の部分から，ホテルのオーナーがサルに感謝をするために始めたことがわかる。また，なぜ感謝するのかはその前の部分に説明があるので，**1** が正解。**2** は，ホテルは象徴としてサルを利用していたが，利用するためにお祭りを始めたのではないので不適切。

(3) 解答 **3**

「テーブルには何が置かれるか」
1 山々の写真。
2 村の象徴。
3 食べ物や花。
4 たくさんのお金。

解説 お祭り当日の様子について書かれた第3

段落を参照。質問と似た語句を含む people start putting food and flowers on many tables の部分から，**3** が正解。mountains や symbol，village など本文中に出てくる語句を含む選択肢に惑わされないように注意。

(4) 解答 **2**

「来場者はお祭りで何ができるか」

1 タイ料理のレッスンを受ける。

2 サルの衣装を着たダンサーを見る。

3 古着を売買する。

4 地元の言語を学ぶ。

解説 質問に含まれる visitors という語は第4段落の冒頭にある。来場者ができることは，2文目の They (= Visitors) can see dancers dancing to music in monkey costumes. から，**2** が正解。

(5) 解答 **3**

「この話は何に関するものか」

1 サルが好きな食べ物。

2 世界の面白い食べ物のイベント。

3 タイのサルのためのお祭り。

4 タイの有名ホテル。

解説 タイトルが Monkey Festival で，「サルのお祭り」の話である。この時点で選択肢は **2** か **3** に絞られる。タイの変わったサルのためのお祭りで，本文では主にお祭りの歴史や当日の様子が書かれている。よって，**3** が正解。**2** は，食べ物はお祭りの特徴ではあるが，in the world「世界の」が不適切。**4** は，お祭りのきっかけとなったタイのホテルについては説明があるが，有名かどうかはわからず，また文章の主題としても不適切。本文に書かれている内容であっても，文章の主題であるかどうかに注意して選ぼう。

全訳

サルのお祭り

　毎年，11月の最後の日曜日に，多くの人々が特別なイベントのためにタイのロップリー村を訪れる。そのイベントは，ロップリー・モンキー・フェスティバル，またはモンキー・ビュッフェ・フェスティバルと呼ばれる。この日，地域に住む約3000匹のサルが盛大な食事に招待される。たくさんの野菜，果物，菓子が用意される。ふだん，これらのサルはその村で問題を引き起こす。しかし，この日は，サルたちは食べるのに忙しくてそのようなこ

とはできない。

　ロップリー・モンキー・フェスティバルは1989年に始まった。このお祭りは歴史が短いが，ロップリーの村人たちは何百年もの間，サルとともに暮らしてきた。サルは幸運をもたらすと信じられている。実際，サルは重要な観光の呼び物である。ある地元のホテルがこのお祭りを始めたと言われている。そのホテルは象徴としてサルを用い，より多くの人々がそこに泊まりに来た。ホテルのオーナーは，サルたちに感謝したいと思い，このお祭りを始めた。今では公式行事になっている。

　お祭りの朝，人々は多くのテーブルに食べ物と花を置き始める。果物と野菜は山の形に置かれる。お祭りの期間中にサルに与えられる食べ物の量は4トン以上になることもある。

　来場者もロップリー・モンキー・フェスティバルを楽しめる。彼らはサルの衣装を着て音楽に合わせて踊るダンサーたちを見ることができる。また，人々が買える人間用のさまざまな種類のタイ料理もある。このお祭りは人とサルがいっしょに楽しむためのものである。

(1) 解答 **2**

「11月20日の午後1時に人々ができることは」

1 店のオーナーと話す。

2 物語を書くことについて学ぶ。

3 ルイスさんに質問をする。

4 絵画レッスンを受ける。

解説　11月20日に行われる書店でのイベントのお知らせである。Schedule の項目から 1:00 p.m. のところを見ると，Talk by Ms. Lewis – "How to write stories" とあり，ルイスさんが「物語の書き方」について話すことがわかる。これを「物語を書くことについて学ぶ」と言い換えた **2** が正解。ルイスさんとの質疑応答は午後2時からなので **3** は不適切。

(2) 解答 **4**

「人々は児童書売り場で何を手に入れることができるか」

1 無料の飲み物。

2 子供向けのおもちゃ。

3 イベントのチケット。

4 ルイスさんの最新作。

解説　質問の children's section についての情報が書かれた最後の1文を参照。buy *Why Not?* とあるが，この *Why Not?* は掲示の冒頭部分から，ルイスさんの最新作（her newest book）のことだとわかるので，**4** が正解。**3** は，This is a free event and no tickets are needed. から，チケットは不要なので不適切。

全訳

ジョナサン書店でのイベント

一流の絵本作家の1人であるロアンナ・ルイスさんが，最新作『どうしてダメなの？』で賞を取りました。これを祝うため，ルイスさんを特別なイベントに招待しました。

日付：11月20日
時：午後1時から午後3時
場所：1階の児童書売り場

スケジュール

午後1時　ルイスさんによるお話―「物語の書き方」
午後2時　質疑応答の時間

午後2時30分　本のサイン会

これは無料のイベントで，チケットは必要ありません。本のサイン会のために，ルイスさんによって書かれたあなたのお気に入りの本を1冊ご持参ください。あるいは，当日，児童書売り場にて『どうしてダメなの？』をお買い求めください。

(3) 解答 **4**

「サトシが言うことは」

1 彼は夏の宿題をすでに終えた。

2 彼は夏休みより冬休みのほうが好きだ。

3 彼の休暇はデイビッドの休暇より短い。

4 彼はもうすぐ学校に行くのを楽しみにしている。

解説　第1段落の最後に I like school very much, so I can't wait to go back to school. とある。「学校に戻るのが待ち遠しい」を「もうすぐ学校に行くのを楽しみにしている」と言い換えた **4** が正解。**1** は，4文目にある I haven't finished my homework! と合わない。サトシの夏休みは1カ月以上あり，デイビッドの2週間の冬休みより長いので，**3** は不適切。

(4) 解答 **2**

「オーストラリアでの滞在中，サトシは何を最も楽しんだか」

1 デイビッドの学校で勉強したこと。

2 夜に動物園を訪れたこと。

3 街の写真を撮ったこと。

4 フィッシュ・アンド・チップスを作ったこと。

解説　サトシがオーストラリアでの思い出を書いている第2段落を参照。楽しかったことを書いているが，その中でも特に楽しかったこととして I especially enjoyed the night zoo. とある。よって，**2** が正解。なお，本文と **4** にある fish and chips はどんなものか知らなくても，第3段落の I liked the food in Australia. や a place that serves fish and chips という文脈から「食べ物」であることがわかる。

(5) 解答 **3**

「サトシはデイビッドと再会するとき，何をしたいと思っているか」

1 いっしょに料理学校へ行く。

2 デイビッドから英語を学ぶ。

3 デイビッドのために何かを料理する。

4 デイビッドを寿司屋に連れていく。

解説 最終段落ではサトシの思い出話から未来の話に展開する。最後の Maybe I can make some Japanese dishes for you when we meet next time! から，**3** が正解。make some Japanese dishes for you「君のために日本料理をいくつか作る」を選択肢では Cook something for David. に言い換えている。

全訳

8月25日
親愛なるデイビッドへ，

お手紙をありがとう。今，シドニーは冬だよね？ 寒い？ 日本では，ぼくの休暇はもうすぐ終わるけど，宿題がまだ終わっていないんだ！ 君の冬休みは2週間だと言ったけど，ぼくの夏休みは1カ月以上あるよ。ぼくは学校が大好きなので，学校に戻るのが待ち遠しいよ。

Eメールで君が送ってくれた写真，いいね。両親に見せたよ。彼らはぼくがシドニーですばらしい時を過ごしたことを喜んでいた。君の家族はぼくをたくさんの興味深い場所に連れていってくれたよね。ぼくは特に夜の動物園が楽しかった。夜に活動する動物を見る絶好の機会だったよ。

オーストラリアの食べ物も気に入った。ぼくのお気に入りはフィッシュ・アンド・チップス。日本でフィッシュ・アンド・チップスを出すところが見つかるといいな。夕食を食べに日本食レストランに行ったのを覚えているよ。君の国にあれほどたくさんの日本食レストランがあることに驚いた。日本食は健康的だから人気があるんだと思う。それに，伝統的な日本料理は見た目がきれいなことが多いし。

ところで，ぼくが料理好きだって知ってた？ あの日本食レストランで寿司職人が働いているのを見たとき，シェフとして海外で働くのはかっこいいと思った。今，ぼくは料理学校に通うことを計画しているんだ。今度君に会うとき，君のために日本料理をいくつか作ることができると思う！

君の友達，
サトシ

(6) 解答 3

「スーパーマンのストーリーで，ロイス・レーンは」
1 映画を作るのに一生懸命に働く。
2 ものすごい力を持って生まれた。

3 ジャーナリストとしてニュースを得る。
4 夫の仕事を手伝う。

解説 ジョアン・シーゲルという，スーパーマンの重要なキャラクターのモデルとなった女性についての説明文。3級ではときどき有名なものや人に関する文章が出るが，知識がなくても英文が理解できたら問題は解けるので心配ない。質問にあるロイス・レーンは，スーパーマンのストーリーに登場する女性のこと。第1段落3文目の In the story, Lois is a journalist who works hard to get fresh news. から，**3** が正解。関係代名詞 who を含む文を理解できるようにしておこう。

(7) 解答 1

「ジョーはジョアンについてどのようにして知ったか」
1 彼は新聞で彼女を見つけた。
2 彼は高校で彼女と出会った。
3 ジョアンが仕事を得るために彼に連絡を取った。
4 ジョアンは彼の友達の妻だった。

解説 第2段落の1文目から，スーパーマンを作ったアーティストとして，ジョー（Joe）とジェリー（Jerry）の名前を押さえよう。そして3文目以降の内容から，ジョーは新聞の求職広告でジョアンのことを知ったことがわかるので，**1** が正解。3文目の a high school girl who wanted a job as a model「モデルとしての仕事を望んでいた女子高生」とは，その次の文から，ジョアンのことである。

(8) 解答 3

「ジョアンとジェリーはいつ結婚したか」
1 1935年。
2 1938年。
3 1948年。
4 1996年。

解説 When の質問では本文中の「時」に関する語句を手がかりにしよう。物事の歴史についての説明文では，このように選択肢に年号が並ぶパターンの問題がよく出る。本文を読みながら年に関する表現に印をつけるとよい。ジョアンとジェリーが結婚した話は，第3段落の最後に Ten years later, Joanne met Jerry again and married him. とある。Ten years later「10年後」とは，その前の内容から，スーパーマンのコミックシリーズが始まった1938年を基準にしていると考えられるので，**3**「1948年」が正解。1935年はジョーがジョアンの求職広告を見

つけた年，1996 年はジェリーが亡くなった年。

(9) 解答 4

「結婚したあと，ジョアンに何があったか」
1 ある会社が彼女にコミック作家として仕事を与えた。
2 彼女の家族はスーパーマンで得たお金で裕福になった。
3 彼女は夫と大きなけんかをした。
4 彼女はスーパーマンの著作権を取り戻すのに苦労した。

解説 ジョアンの結婚後の様子については第4段落を参照。However で始まる2文目以降の内容から，著作権争いで苦労したことがわかるので，4が正解。夫のジェリーはスーパーマンでお金をもうけることができず，彼らの家族は貧しかったので2は不適切。3は，夫のために闘ったのであって，夫と闘ったのではないので不適切。

(10) 解答 2

「この話は何に関するものか」
1 有名俳優と結婚した女性。
2 重要なキャラクターのモデル。
3 多くの子供たちに愛されるスーパーヒーロー。
4 ある女性によって書かれた有名なコミック。

解説 タイトルにある Joanne Siegel という女性についての文章。第1段落5文目の This important character was born ... や，第2段落最後の she started to work as the model for Lois などから，ジョアンはスーパーマンシリーズに登場する Lois Lane という重要なキャラクターのモデルであることがわかる。よって，2が正解。夫のジェリーはスーパーマンを作ったアーティストであって俳優ではないので1は不適切。3の superhero はスーパーマンのこと。この文章はスーパーマンではなくその妻となる女性（ロイス・レーン）のモデルについてなので不適切。4は，スーパーマンは女性ではなく男性アーティストによって書かれたので不適切。

全訳

ジョアン・シーゲル

スーパーマンは，コミックや映画で最も有名なキャラクターの1つである。多くの人がものすごい力を持ったこのヒーローのことを知っているが，彼のガールフレンドであるロイス・レーンのことを覚えている人はほとんどいない。ストーリーの中で，

ロイスは，最新ニュースを得るために一生懸命働くジャーナリストである。彼女はのちに，スーパーマンの妻になる。この重要なキャラクターは，ある女性の助けを借りて生まれた。彼女の名前はジョアン・シーゲルである。

スーパーマンのシリーズは，1930 年代に2人の若いアーティスト，ジョー・シャスターとジェリー・シーゲルによって書かれた。ジョーは，新しいコミックのキャラクターであるスーパーマンに取り組んでいた。1935 年のある日，新聞で，彼はモデルとしての仕事を望んでいた女子高生の広告を見た。それがジョアンだった。それで，彼女はロイスのモデルとして働き始めた。

ジョアンは面白いポーズをとるよう要求された。例えば，ストーリーでは，スーパーマンは飛びながらロイスを運ぶ。このシーンを作るために，ジョアンはいすのひじ掛けに乗りかかるようにしておかしなポーズをとった。ジョーはまた，ジョアンの髪型や体のほかの部分を利用した。1938 年，ジョーとジェリーはスーパーマンの著作権をある会社に売却し，コミックのシリーズが始まった。それは大成功だった。10 年後，ジョアンはジェリーと再会し，彼と結婚した。

ジョアンは結婚後，さまざまな仕事をした。しかし，彼女の最も大変だった仕事は，スーパーマンの著作権をジョーとジェリーに取り戻すことだった。2人のアーティストは，著作権がなくてスーパーマンでお金をもうけることはなかった。シーゲル一家は貧しかったが，ジョアンは闘うことをやめなかった。彼女はようやく 2008 年に著作権を取り戻した。夫が 1996 年に亡くなってから 12 年後のことだった。

問題 ➡ 本冊 p.73

合格 LESSON 20 やってみよう!

1
(1)

解答例〔1〕 I bought a novel.
解答例の訳 小説を買ったよ。
解答例〔2〕 I bought a book about science.
解答例の訳 科学に関する本を買ったよ。
解説 まずは，メール2文目の「ティムの誕生日に本を買った」の部分で話題をつかみ，自分が本を買ったと想像して，続きを読もう。質問 (1) の What kind of 〜?は「どんな（種類の）〜」という意味なの

で，本のタイトルではなく，本のジャンルを答えよう。

(2)

解答例 It was 700 yen.

解答例の訳 700円だったよ。

解説 質問 (2) の how much ～？は値段を尋ねる表現なので，本1冊の値段を It was ～ yen. で表そう。値段は想像の範囲で自由に書けばよい。yen「円」は dollars「ドル」などでもよい。

全訳

やあ，

メールをありがとう。

ティムの誕生日に本を買ったんだってね。それについてもっと知りたいな。どんな本を買ったの？　それはいくらだった？

君の友達，

ジャック

② (1)

解答例 (1) I started playing the piano when I was four (years old).

解答例の訳 4歳のときにピアノを弾き始めたよ。

解答例 (2) I started playing the piano ten years ago.

解答例の訳 10年前にピアノを弾き始めたよ。

解説 まずは，メール2文目の「ピアノのコンテストで優勝した」で話題をつかもう。質問 (1) は When ～？で「時」を尋ねているので，I started playing the piano に続けて，ピアノを弾き始めた年齢や時期を答えよう。

(2)

解答例 I practice for two hours every day.

解答例の訳 毎日2時間練習するよ。

解説 質問 (2) は how many hours ～？で，毎日のピアノの練習時間を尋ねている。ここでは質問に合わせて hour(s)「時間」を使って〈I practice for＋数字＋hour(s) every day.〉の形で答えよう。

全訳

こんにちは，

メールをありがとう。

ピアノのコンテストで優勝したんだってね。それについてもっと知りたいな。いつピアノを弾き始めた

の？　毎日何時間練習しているの？

あなたの友達，

ジェニー

問題 ⇒ 本冊 p.75

合格 LESSON 21 やってみよう！

解答例 (1) The cooking lesson was fun! It was two hours long. I cooked beef stew. It was delicious!（17語）

解答例の訳 料理レッスンは楽しかったよ！　それは2時間だったよ。私はビーフシチューを作ったよ。とてもおいしかったよ！

解説 まずは，メール2文目の「料理学校で子供向けの無料レッスンを受けた」の部分で話題をつかもう。1つ目の質問の How long ～？にはレッスンの長さを It was ～ long. で，2つ目の質問にはレッスンで作ったものを I [We] cooked ～ . で書こう。また，返事を1文ずつ書いただけでは語数が足りないので，情報をつけ加える必要がある。解答例では，最初に「楽しかった」とレッスンの感想を伝えたあと，質問への返事を続けている。2つ目の質問では，「～を作った」だけでなく，それがどんなものだったのか，おいしかったか，うまく作れたか，など詳しく書こう。このように，解答例は4文になってもよい。

解答例の構成は次のようになっている。

【1文目】レッスンの感想。

【2文目】1つ目の質問への返事。

【3文目】2つ目の質問への返事。

【4文目】2つ目の返事の補足説明。

● ● ●

解答例 (2) The lesson was two hours long. We learned how to make cheesecake. It was difficult, but I enjoyed it.（19語）

解答例の訳 レッスンは2時間だったよ。私たちはチーズケーキの作り方を学んだよ。難しかったけど，楽しんだよ。

解説 この解答例では，2つの質問の返事を書いたあと，2つ目の質問の返事の続きとして，チーズケーキを作った感想を続けている。このように，補足情報や感想は文章のどこにあってもよく，文章の流れが自然であることが重要である。2つ目の質問の「何を作ったの？」に対しては，解答例のように learned how to make ～「～の作り方を学んだ」で

表すこともできる。Eメール問題では内容・語彙に加えて文法が評価されるので，知っている文法を積極的に使おう。

解答例の構成は次のようになっている。

【1文目】1つ目の質問への返事。

【2文目】2つ目の質問への返事。

【3文目】2つ目の返事の補足説明・感想。

やあ，

メールをありがとう。

料理学校で子供向けの無料レッスンを受けたんだってね。それについてもっと知りたいな。レッスンはどれくらいの長さだった？　何を作ったの？

君の友達，

ケビン

やあ，ケビン！

メールをありがとう。

解答

それでは，

問題 ➡ 本冊 p.77

合格 LESSON 22　やってみよう！

(1)

質問の訳　あなたは何の教科がいちばん好きですか。

解答例　I like math the best.

解答例の訳　私は数学がいちばん好きです。

解説　what は「何の，どんな」という意味の疑問詞で，What subject で「何の教科」という意味。質問に使われている like the best を使って，I like 〜 the best. の形であなたがいちばん好きな教科を答えよう。I like 〜 the best. の語順に注意すること。

(2)

質問の訳　あなたはどの国を訪れてみたいですか。

解答例　I would like to visit France.

解答例の訳　私はフランスを訪れてみたいです。

解説　which は「どれ，どちらの」という意味の疑問詞で，Which country で「どの国，どこの国」という意味。質問に使われている would like to visit を使って，〈I would like to visit＋国名 .〉の形であなたが行ってみたい国を答えよう。

(3)

質問の訳　あなたはどんな種類の映画をよく見ますか。

解答例　I often watch comedy movies.

解答例の訳　私はコメディー映画をよく見ます。

解説　What kind of 〜は「どんな種類の〜」という意味。質問に使われている often watch を使って，〈I often watch＋映画の種類 .〉の形であなたがよく見る映画の種類（ジャンル）を答えよう。映画の種類として，ほかに action「アクション」，horror「ホラー」，science fiction「SF」，adventure「アドベンチャー［冒険］」などがある。

(4)

質問の訳　あなたはテレビを見るのと本を読むのとでは，どちらのほうが好きですか。

解答例　I like reading books better than watching TV.

解答例の訳　私はテレビを見るよりも本を読むほうが好きです。

解説　Which do you like better, *A* or *B*? で「AとBとでは，どちらのほうが好きですか」という意味。AまたはBのどちらか好きなほうを選んで，I like 〜 better than .... の形で答えよう。than 以下を省略して，I like reading books better. と書いてもよい。

(5)

質問の訳　あなたは買い物に行くのが好きですか。

解答　Yes, I do. / No, I don't.

解答例の訳　はい，好きです。／いいえ，好きではありません。

解説　Do you 〜? などの Yes または No で答える質問もある。買い物に行くのが好きなら Yes, I do.，（あまり）好きではないなら No, I don't. と答えよう。決まった答え方はないので，No, I don't like going shopping.「いいえ，私は買い物に行くのが好きではありません」のような表現もできる。go shopping は「買い物に行く［出かける］」という意味で，家でネットショッピングをするのは go shopping とは言わないので注意。ライティングでは QUESTION をしっかりと理解することが重要。

合格 LESSON 23 やってみよう！

QUESTION の訳

あなたはスポーツをするのとスポーツを見るのとでは，どちらのほうが好きですか。

解答例(1) I like playing sports better. First, I like soccer and I'm on the soccer team. Second, I go to a tennis school once a week. It is exciting to play games. (31 語)

解答例の訳　私はスポーツをするほうが好きです。第1に，私はサッカーが好きで，サッカー部に入っています。第2に，私は週に1回，テニススクールに通っています。試合をするのはわくわくします。

解説　Which do you like better, *A* or *B*?「A と B とでは，どちらのほうが好きですか」のタイプの質問なので，A または B のどちらか好きなほうを選んで，I like 〜 better (than ...). の形で答えよう。この解答例では，1文目で質問の語句を利用して「自分の考え」を述べ，そのあと2つの理由を First, ... Second, ... の順に説明している。

解答例の構成は，次のようになっている。

【自分の考え】スポーツは（見るよりも）するほうが好き

【理由1】サッカーが好きでサッカー部に入っているから

【理由2】テニススクールに通っていて，試合をするのはわくわくするから

・・・

解答例(2) I like watching sports better because I can't run fast. Also, I'm interested in winter sports like skiing, but I don't like cold places. So I just watch them on TV. (31 語)

解答例の訳　私は速く走れないので，スポーツは見るほうが好きです。また，私はスキーのようなウィンタースポーツに興味がありますが，寒い場所が好きではありません。だから，私はそれら（＝ウィンタースポーツ）をテレビで見るだけです。

解説　この解答例は，1文目で「スポーツは（するよりも）見るほうが好き」と「自分の考え」を書いたあと，because を使って1つ目の理由「速く走れない」を1文目に含めている。そのあと，Also を使って2つ目の理由を続けている。

解答例の構成は，次のようになっている。

【自分の考え＋理由1】スポーツは（するよりも）見

るほうが好き＋速く走れないから

【理由2】ウィンタースポーツに興味はあるが，寒い場所が好きではないからテレビで見るだけ

合格 LESSON 20〜23 チェックテスト

(1)

解答例(1) The school trip was a lot of fun! We went to Kyoto by train. We stayed there for four days. (20 語)

解答例の訳　修学旅行はとても楽しかったよ！　電車で京都に行ったんだ。そこに4日間滞在したよ。

解説　まずは，メール2文目の「修学旅行に行った」の部分で話題をつかもう。解答例では，「楽しかった」という感想で書き始めている。1つ目の質問の Where 〜？に対しては，どこへ行ったかを We [I] went to 〜で答えよう。解答例では by train「電車で」という情報を加えて文を少し長くしている。2つ目の質問の how long 〜？はここでは滞在期間を尋ねているので，for「〜の間」を使って答えよう。語数を増やしたいときは fun を a lot of fun にしたり，exciting を really exciting にしたりすることができる。また，このように形容詞や副詞を使うと，自分が楽しんだことがより相手に伝わる。

解答例の構成は次のようになっている。

【1文目】修学旅行の感想。

【2文目】1つ目の質問への返事。

【3文目】2つ目の質問への返事。

・・・

解答例(2) We went to Hiroshima for our school trip. We stayed there for three days. I had a great time with my friends. (22 語)

解答例の訳　修学旅行では広島に行ったよ。そこには3日間滞在したんだ。友達とすばらしい時を過ごしたよ。

解説　この解答例は，2つの質問への返事を書いたあと，最後に感想を書いたパターンである。fun, enjoyed, had a good [great] time のような，「楽しかった」を表す表現をいくつか覚えておいて，語数範囲内に合う表現を使うとよい。

解答例の構成は次のようになっている。

【1文目】1つ目の質問への返事。

【2文目】2つ目の質問への返事。

【3文目】修学旅行の感想。

こんにちは,

メールをありがとう。

先月,修学旅行に行ったんだってね。それについてもっと知りたいな。修学旅行ではどこに行ったの？ そこにどれくらい滞在したの？

あなたの友達,

メリッサ

こんにちは,メリッサ！

メールをありがとう。

解答

それでは,

(2)

解答例❶ The baseball game was really exciting. My favorite team won! The game finished at 9 p.m. (16 語)

解答例の訳 野球の試合はすごくわくわくしたよ。お気に入りのチームが勝ったんだ！ 試合は午後9時に終わったよ。

解説 まずは,メール2文目の「野球を見に球場へ行った」の部分で話題をつかもう。1つ目の質問のHow was ～?は感想を尋ねる表現で,答えるときはgood「よかった」,exciting「わくわくした」,fun「楽しかった」だけでなく,指定の語数になるようもう少し情報を加えよう。解答例では,2文目でわくわくした理由をつけ加えている。2つ目の質問はwhat time ～?で試合の終了時刻を尋ねているので,〈The game finished at [around]＋時刻 .〉で表そう。

解答例の構成は次のようになっている。

【1文目】1つ目の質問への返事。

【2文目】1つ目の返事の補足説明。

【3文目】2つ目の質問への返事。

● ● ●

解答例❷ My favorite team lost, but it was an exciting game. The game finished around 9:30 p.m. Let's go together next time! (21 語)

解答例の訳 お気に入りのチームは負けてしまったけれど,わくわくする試合だったよ。試合は午後9時30分ごろに終わったよ。今度いっしょに行こう！

解説 この解答例では,2つの質問の返事を1文ずつで書いている。この2文で16語あるので語数

範囲内だが,3文目のように相手を誘う形で終わってもよいだろう。Eメールは相手とのコミュニケーションなので,大事なことは,返信メールを読む友達の気持ちになって書くことである。

解答例の構成は次のようになっている。

【1文目】1つ目の質問への返事。

【2文目】2つ目の質問への返事。

【3文目】相手への誘い。

こんにちは,

メールをありがとう。

昨夜,野球を見に球場へ行ったんだってね。それについてもっと知りたいな。試合はどうだった？ 何時に終わった？

君の友達,

リアム

こんにちは,リアム！

メールをありがとう。

解答

それでは,

(3)

QUESTION の訳 あなたは春と秋では,どちらのほうが好きですか。

解答例❶ I like spring better. I have two reasons. First, the school year begins in April, and it is exciting to meet new friends. Second, cherry blossoms are beautiful. (28 語)

解答例の訳 私は春のほうが好きです。理由は2つあります。第1に,学校の学年が4月に始まり,新しい友達に出会うのはわくわくします。第2に,桜の花がきれいです。

解説 Which do you like better, *A* or *B*?「AとBとでは,どちらのほうが好きですか」のタイプの質問なので,AまたはBのどちらか好きなほうを選んで,I like ～ better (than ...). の形で答えよう。この解答例では,1文目で「自分の考え」を述べ,I have two reasons. と前置きをしたあと,2つの理由をFirst, ... Second, ... の順に説明している。

解答例の構成は,次のようになっている。

【自分の考え】（秋よりも）春のほうが好き

（理由が2つあることを明示）

【理由1】学年が4月に始まり,新しい友達に出会う

から
【理由2】桜の花がきれいだから

・ ・ ・

解答例【2】 I like fall better than spring because there are many events in fall. For example, we have the school festival in October. Also, I like to see colorful leaves in the park. (32 語)

解答例の訳　秋にはたくさんの行事があるので，私は春よりも秋のほうが好きです。例えば，私たちは10月に学園祭があります。また，公園の色とりどりの葉っぱを見るのが好きです。

解説　この解答例は，1文目で「春よりも秋のほうが好き」と「自分の考え」を書いたあと，becauseを使って1つ目の理由「行事が多いから」を1文目に含めている。また，2文目でFor example「例えば」を使って，たくさんある行事の一例を説明している。このように具体的な例を挙げると説得力のある理由になる。最後にAlsoを使って2つ目の理由を書いている。
解答例の構成は，次のようになっている。
【自分の考え＋理由1】春よりも秋のほうが好き＋秋にはたくさんの行事があるから
【理由2】公園の色とりどりの葉っぱを見るのが好きだから

(4)
QUESTION の訳 ─────────
あなたは次の休暇にどこへ行きたいですか。

解答例【1】 I want to go to my grandmother's house. She is a good cook and I want to learn cooking from her. Also, there is a large park near her house. We enjoy cycling there. (34 語)

解答例の訳　私は祖母の家に行きたいです。彼女は料理が上手で，彼女から料理を習いたいです。また，彼女の家の近くに大きな公園があります。私たちはそこでサイクリングを楽しみます。

解説　Where 〜？の質問タイプで「場所」を尋ねている。質問の want to go を使って〈I want to go to＋場所 .〉の形で答えよう。on my next vacation は書いても書かなくてもよい。この解答例では，1文目で「自分の考え」を述べ，2文目で1つ目の理由を書いたあと，Alsoを使って3〜4文目で2つ目の理由を説明している。
解答例の構成は，次のようになっている。

【自分の考え】祖母の家に行きたい
【理由1】料理が上手な祖母から料理を習いたいから
【理由2】祖母の家の近くにある大きな公園でサイクリングをするのが楽しいから

・ ・ ・

解答例【2】 I want to go to the beach. I like swimming, but there are no beaches near my house. I want to swim in the sea. Also, I want to try to make sand castles. (34 語)

解答例の訳　私はビーチに行きたいです。私は泳ぐのが好きですが，家の近くにビーチがありません。私は海で泳ぎたいです。また，砂のお城を作ってみたいです。

解説　この解答例は，1文目で「ビーチに行きたい」と「自分の考え」を書いたあと，ビーチに行ってやりたいこととして，「海で泳ぎたい」と「砂のお城を作ってみたい」の2つを順に説明している。このように，「行きたい場所」を問う問題では，その場所でやりたいことやできることなどを理由にするとよい。
解答例の構成は，次のようになっている。
【自分の考え】ビーチに行きたい
【理由1】家の近くにビーチがないので，海で泳ぎたいから
【理由2】（ビーチで）砂のお城を作ってみたいから

(5)
QUESTION の訳 ─────────
あなたはテレビゲームをするのが好きですか。

解答例【1】 Yes, I do. First, it is exciting to play games with my brothers. We often play games on rainy days. Second, I can also study math and English through games. (30 語)

解答例の訳　はい，好きです。第1に，兄弟といっしょにゲームをするのはわくわくします。私たちは雨の日によくゲームをします。第2に，ゲームを通して数学や英語を勉強することもできます。

解説　Do you 〜？の質問タイプで，「テレビゲームをするのが好き」なら Yes，「（あまり）好きではない」なら No で書き始めよう。この解答例では，1文目で Yes（＝好き）と答えたあと，First, ... Second, ... を使って2つの理由を順に説明している。このように，Yes の立場では，だれといつやるのか，ゲームのよいところなどを理由にするとよい。

解答例の構成は，次のようになっている。

【自分の考え】テレビゲームをするのが好き

【理由1】兄弟といっしょにゲームをするのはわくわくするから

【理由2】ゲームを通して数学や英語を勉強することもできるから

・・・

解答例（2） No, I don't. First, when I play video games, my eyes get tired very quickly. Second, I like to read books in my free time instead. (26語)

解答例の訳　いいえ，好きではありません。第1に，私はゲームをすると，すぐに目が疲れます。第2に，私は代わりに暇な時間に本を読むのが好きです。

解説　この解答例は，1文目で No（＝好きではない）と答えたあと，First, ... で1つ目の理由として「ゲームをするとすぐに目が疲れる」と説明している。そのあと，Second, ... で2つ目の理由を続けている。このように，No の立場では，ゲームが好きではない理由や，他に何をするのが好きなのかなどを書くとよい。

解答例の構成は，次のようになっている。

【自分の考え】テレビゲームをするのは好きではない

【理由1】ゲームをするとすぐに目が疲れるから

【理由2】暇な時間に本を読むのが好きだから

合格 LESSON 24　やってみよう！

🎵 18

(1) 解答 **2**

★：How was your summer vacation?

☆：It was great. I went swimming. How about you?

★：I went to New Zealand. Have you ever been there?

1 Yes, I'll be free then.

2 No, but I want to.

3 I have other plans.

★：夏休みはどうだった？

☆：よかったわ。私は泳ぎに行ったの。あなたは？

★：ぼくはニュージーランドに行ったよ。そこへは行ったことがある？

1 ええ，そのときは暇よ。

2 いいえ，でも行きたいわ。

3 別の予定があるの。

解説　Have you ever been there? は「そこ（＝ニュージーランド）に行ったことはありますか」と経験を尋ねる表現。No（＝行ったことがない）と答えたあと，「でも行きたい」と続けている **2** が正解。No, but I want to <u>go to New Zealand</u>. ということ。

(2) 解答 **3**

☆：Did you find your house key?

★：Yes, Mom. I found it last night.

☆：Where was it?

1 After dinner.

2 I was very busy.

3 It was under my desk.

☆：家の鍵は見つかったの？

★：うん，お母さん。昨夜見つけたよ。

☆：どこにあったの？

1 夕食後に。

2 とても忙しかったんだ。

3 ぼくの机の下にあった。

解説　場所を尋ねる疑問詞 Where の聞き取りがポイント。Where was it? の it は家の鍵（house key）のことで，母親は息子にそれがどこにあったのかを尋ねている。「机の下」と具体的な場所を答えている **3** が適切。

(3) 解答 3

> ★：Excuse me.
> ☆：Yes, sir. Are you ready to order?
> ★：No. Could I see the menu?
> **1** Wow. It's delicious.
> **2** Sure. Here's your change.
> **3 Sorry. I'll bring it right away.**

> ★：すみません。
> ☆：はい，お客様。ご注文はお決まりですか。
> ★：いいえ。メニューを見せていただけますか。
> **1** まあ。それはとてもおいしいですよ。
> **2** かしこまりました。お釣りをどうぞ。
> **3 申し訳ありません。今すぐお持ちします。**

解説　レストランでの注文の場面。Could I see the menu?「メニューを見せていただけますか」と言われた店員の返事としては，メニューを渡していなかったことに Sorry. と謝ったあと，「今すぐお持ちします」と付け加えている **3** が適切。it は the menu のことで，right away は「すぐに」。

(4) 解答 1

> ☆：What's wrong, Paul?
> ★：I forgot to bring my eraser.
> ☆：Would you like to use mine?
> **1 Yes, thanks a lot.**
> **2** This is my pencil.
> **3** I can try again.

> ☆：どうしたの，ポール？
> ★：消しゴムを持ってくるのを忘れた。
> ☆：私のを使う？
> **1 うん，どうもありがとう。**
> **2** これはぼくの鉛筆だ。
> **3** もう一度やってみるよ。

解説　消しゴムを忘れたと言う男の子に対し，女の子は Would you like to use mine? と言っている。mine は my eraser のことで，「私の（消しゴム）を使う？（＝使ってもいいよ）」という女の子の申し出に対し，お礼を返している **1** が適切。

(1) 解答 3

> ☆：I'm going to the fireworks show tonight.
> ★：Me, too. Can we go together?
> ☆：Sure. Let's meet at the station at 6 o'clock.
> **1** We had a good time.
> **2** I'll watch TV instead.
> **3 OK, see you then.**

> ☆：今夜，花火大会に行くの。
> ★：ぼくもだよ。いっしょに行かない？
> ☆：いいわよ。6時に駅で会いましょう。
> **1** ぼくたちは楽しい時を過ごしたよ。
> **2** ぼくは代わりにテレビを見るよ。
> **3 わかった，じゃあね。**

解説　今夜の花火大会へいっしょに行くことになり，女の子は Let's meet at the station at 6 o'clock. と言って待ち合わせの場所と時間を提案している。これに対し OK と言って提案を受け入れ，see you then と別れのあいさつを続けている **3** が適切。

(2) 解答 1

> ★：Excuse me. Where is the elevator?
> ☆：Go straight, and it's on the right.
> ★：Thank you very much.
> **1 It's my pleasure.**
> **2** I hope he'll like it.
> **3** I'll miss you very much.

> ★：すみません。エレベーターはどこですか。
> ☆：まっすぐ行けば，右手にあります。
> ★：ありがとうございます。
> **1 どういたしまして。**
> **2** 彼が気に入るといいな。
> **3** あなたがいないととても寂しくなります。

解説　イラストと対話の内容から，ベビーカーを押した男性がエレベーターを探しており，係員の女性が場所を教えている状況をつかもう。お礼に対する典型的な応答である **1** の It's my pleasure.「どういたしまして」が適切。

(3) 解答 **2**

★：We're almost at Uncle John's house.
☆：His house has a pool, right?
★：Yes. You can swim in it.
1 In half an hour.
2 I'm looking forward to it.
3 Look at those beautiful flowers.

★：もうすぐジョンおじさんの家だよ。
☆：彼の家にはプールがあるのよね？
★：うん。そこで泳げるよ。
1 あと30分で。
2 それを楽しみにしているわ。
3 あのきれいな花を見て。

解説　イラストと対話の冒頭から，父親と娘が車でジョンおじさんの家に向かっている状況をつかもう。You can swim in it. の it はおじさんの家にある a pool「プール」のことで，娘の発言として，**2**「それ（＝プールで泳ぐこと）を楽しみにしているわ」が適切。

(4) 解答 **3**

☆：Jack!
★：Yes, Ms. Warner?
☆：You can't play with a ball here.
1 Don't worry. You can do it.
2 Sure. I'll come soon.
3 I'm sorry. I won't do it again.

☆：ジャック！
★：なんでしょう，ワーナー先生？
☆：ここでボール遊びをしてはいけません。
1 心配しないで。あなたならできます。
2 わかりました。すぐに行きます。
3 ごめんなさい。二度としません。

解説　先生に You can't play with a ball here.「ここでボール遊びをしてはいけません」と注意された男の子の発言として，謝っている **3** が正解。You can't ～ . は禁止の意味になることを覚えておこう。

合格 LESSON **26** やってみよう！　🎵 **22**

(1) 解答 **1**

☆：How was your tennis match, Bob?
★：It was exciting! I played against my brother Jim.
☆：Really? Did you win?
★：Yes, I did! My parents and friends all enjoyed watching the game.
Question: Who won the match?

☆：テニスの試合はどうだった，ボブ？
★：楽しかったよ！　兄［弟］のジムと対戦したんだ。
☆：本当？　あなたが勝ったの？
★：うん，ぼくが勝ったよ！　親や友人たちみんな試合を見て楽しんだよ。
質問：だれが試合に勝ったか。
1 ボブ。
2 ボブの兄［弟］。
3 ボブの父親。
4 ボブの友達。

解説　友達同士の対話で，話題はボブのテニスの試合の結果。兄［弟］と対戦したと言うボブに，「あなたが勝ったの？」と聞くと，ボブは Yes, I did! と答えている。つまり，勝ったのはボブなので，**1** が正解。

(2) 解答 **1**

★：What did you get for Emi's birthday?
☆：I bought a bag for her. I hope she'll like it.
★：I'm thinking of giving her a hat or a scarf.
☆：She has a nice hat, so a scarf would be better.
Question: What will the girl give Emi on her birthday?

★：エミの誕生日に何を買った？
☆：私は彼女にバッグを買ったわ。彼女がそれを気に入ってくれるといいな。
★：ぼくは彼女に帽子かスカーフをあげようと考えているんだ。
☆：彼女はすてきな帽子を持っているから，スカーフのほうがいいと思うわ。

質問：女の子はエミの誕生日に何をあげるか。

1 バッグ。

2 帽子。

3 スカーフ。

4 本。

解説 友達同士の対話で，対題はエミへの誕生日プレゼント。女の子は I bought a bag for her. と言っているので，**1** が正解。帽子とスカーフは男の子がエミにあげようと考えているものなので間違えないように注意。

(3) **解答** 3

★：Mom, can I go to the park to play soccer now?

☆：You can, but did you do your homework?

★：Yes, I finished it after lunch.

☆：Good. Come home before dinner.

Question: When did the boy do his homework?

★：お母さん，今から公園へサッカーをしに行ってもいい？

☆：いいけど，宿題はやったの？

★：うん，昼食のあとに終わったよ。

☆：いいわ。夕食までに帰ってきなさいね。

質問：男の子はいつ宿題をしたか。

1 昨日。

2 午前中。

3 昼食後。

4 夕食前。

解説 親子の対話。公園へサッカーをしに行ってもいいか許可を求める息子に対し，母親は宿題をしたのかと聞いている。息子は I finished it after lunch と答えており，この it は宿題のことなので，**3** が正解。Come home before dinner. を聞き取って **4** を選ばないように注意。

(4) **解答** 4

★：Excuse me. I'm looking for some carrots.

☆：Vegetables are over there, next to the fish section.

★：Thank you. And do you sell vegetable juice?

☆：Yes, we have some in the drinks section.

Question: Where are they talking?

★：すみません。ニンジンを探しています。

☆：野菜はあちら，魚売り場の隣にあります。

★：ありがとうございます。あと野菜ジュースは売っていますか。

☆：はい，飲み物の売り場にいくつかございます。

質問：彼らはどこで話しているか。

1 路上で。

2 農場で。

3 レストランで。

4 スーパーマーケットで。

解説 対話が行われている場所を問う問題。冒頭から，男性がニンジンを探していることをつかもう。そのあと，vegetables, fish section, do you sell, vegetable juice, drinks section などの語句から，スーパーマーケットでの店員と客との対話だとわかるので，**4** が正解。

問題 ➡ 本冊 p.93

合格
LESSON
27 やってみよう！ 🎵 **24**

(1) **解答** 3

★：What are your plans for this weekend, Alice?

☆：My grandma will come and visit.

★：Are you going anywhere together?

☆：No. She's going to show me how to make beef stew.

Question: What will Alice do this weekend?

★：今週末の予定はどうなの，アリス？

☆：おばあちゃんが会いに来るの。

★：どこかへいっしょに行くの？

☆：いいえ。彼女が私にビーフシチューの作り方を教えてくれるのよ。

質問：アリスは今週末に何をするか。

1 夕食を食べに出かける。

2 祖母を訪ねる。

3 祖母と料理をする。

4 友達と遊ぶ。

解説 人物のこのあとの行動を問う問題では，未来の語句の聞き取りがポイントになる。アリスは今週末の予定について，最後に She's going to show me how to make beef stew. と言っている。She はアリスの祖母のことで，make beef stew を cook と言い換えた **3** が正解。

29

(2) 解答 **2**

☆ : Honey, could you go to the post office to send this box for me?

★ : OK. What's in it?

☆ : Grapefruits for Aunt Susie. Sorry it's a little heavy.

★ : No problem. I'll take it there in my car.

Question: What does the woman ask her husband to do?

☆ : ねえあなた，私の代わりに郵便局に行ってこの箱を送ってくれないかしら？

★ : いいよ。何が入っているの？

☆ : スージーおばさんへのグレープフルーツよ。ちょっと重くてごめんね。

★ : 大丈夫。車に乗せてそこへ持っていくよ。

質問：女性は夫に何をするように頼んでいるか。

1 車を洗う。

2 彼女のおばに果物を送る。

3 彼女を店まで車で連れていく。

4 箱を家の中に運ぶ。

解説　Honey を含む対話は夫婦など近い関係にある2人の対話である。What does *A* ask *B* to do?「*A* は *B* に何をするように頼んでいますか」の質問パターン。依頼内容を聞き取る問題では，Could you ～? などの依頼表現がヒントになる。ここでは，妻が夫に could you go to the post office to send this box for me? と郵便局に行って箱を送るように頼んでいる。そのあとの Grapefruits for Aunt Susie. から，箱の中身はグレープフルーツ（＝果物）なので，**2** が正解。

(3) 解答 **3**

★ : Kathy, let's go to the movies this weekend.

☆ : Sorry, but I can't go out.

★ : Why not?

☆ : I have too much to do. My mom has been sick, and my dad is away on a business trip.

Question: Why can't the girl go to the movies this weekend?

★ : キャシー，今週末，映画を見に行こうよ。

☆ : 悪いけど，外出できないの。

★ : どうして？

☆ : やることがたくさんありすぎて。お母さんはずっと病気で，お父さんは出張でいないの。

質問：今週末，女の子はなぜ映画を見に行けないのか。

1 彼女は宿題がたくさんある。

2 彼女は病気で寝ている。

3 彼女は家で忙しい。

4 彼女は旅行に出かける。

解説　Why can't *A* do ～? の形で「できない」理由を聞き取る問題。映画に誘われた女の子は「外出できない」と言って断ったあと，Why not? と理由を聞かれる。「やることがたくさんありすぎる＝忙しい」，「お母さんはずっと病気で，お父さんは出張でいない」という状況から，家の用事で忙しいと考えて，**3** が適切。Sorry, but ～. 「悪いけど，～」は誘いに応じないときの典型的な表現なので覚えておこう。

(4) 解答 **4**

☆ : Excuse me. I bought this skirt yesterday, but can I exchange it?

★ : What's the problem, ma'am?

☆ : I just found the color doesn't match my shoes, so I'd like to have a different color.

★ : OK. Let's have a look.

Question: What does the woman want to do?

☆ : すみません。昨日，このスカートを買ったのですが，交換できますか。

★ : 何が問題ですか，お客様？

☆ : ただ私の靴に色が合わなかったので，違う色のものがほしいのです。

★ : わかりました。見てみましょう。

質問：女性は何をしたいと思っているか。

1 靴を返品する。

2 スカートを試着する。

3 返金してもらう。

4 別の色のスカートを手に入れる。

解説　客と店員との対話で，女性客の要望を聞き取る問題。女性は最初に ..., but can I exchange it? と言って昨日買ったスカートを交換したいことを伝えている。また I just found ... の部分でその理由を述べたあと，I'd like to have a different color で要望を言っている。女性は違う色のスカートに交換してほしいと思っているので，**4** が正解。対話中の a different color を **4** では another color に言い換えている。交換したいのは靴ではなくスカートなので注意。

合格 LESSON

28 やってみよう！

🎵 26

(1) 解答 3

I have a lot of homework on weekdays. But I like Friday. I don't study on Fridays because I can do so on weekends. I have no plans on Saturday mornings, so I can watch TV until late on Friday nights.

Question: What is the girl talking about?

私は平日に宿題がたくさんある。しかし，金曜日は好きだ。週末にできるので，私は金曜日に勉強しない。土曜日の朝は予定がないので，金曜日の夜は遅くまでテレビを見ることができる。

質問：女の子は何について話しているか。

1 彼女の学校。

2 人気のテレビ番組。

3 彼女のいちばん好きな曜日。

4 彼女の週末の予定。

解説　話題を問う問題。冒頭で「平日に宿題がたくさんある」と言ったあと，But に続いて「金曜日は好き」と言っている。そして金曜日が好きな理由が続くことから，話題としては **3** が適切。but のあとには重要な内容がくるので，but が聞こえたらそのあとをよく聞こう。

(2) 解答 2

I have played the piano for six years. I have a piano lesson three times a week. Now I'm practicing very hard for a contest. I'll go to Paris for the contest next month.

Question: When will the girl play the piano in a contest?

私は 6 年間ピアノを弾いている。私は週に 3 回ピアノのレッスンがある。今，私はコンクールに向けて一生懸命練習している。来月，コンクールのためにパリに行く。

質問：女の子はいつコンクールでピアノを弾くか。

1 来週。

2 来月。

3 3 週間後。

4 6 週間後。

解説　1 回目の放送で「ピアノの練習」「コンクールがある」という話題をつかみ，2 回目の放送で「コンクールはいつか」に的を絞って聞くとよい。I'll go to Paris for the contest next month. から，コンクールは来月なので，**2** が正解。放送文の six years や three times a week などの数の表現に惑わされないように。

(3) 解答 1

Last week, Fred found a cat in the park. It looked weak. He took it home, and gave it some food. Soon the cat got better and started running around. Fred named it Mimi and it's his pet now.

Question: What did Fred do last week?

先週，フレッドは公園で猫を見つけた。その猫は弱っているように見えた。彼は猫を家に連れて帰り，食べ物を与えた。間もなく猫は元気になり，走り回り始めた。フレッドは猫をミミと名付け，今では彼のペットである。

質問：先週，フレッドは何をしたか。

1 彼は猫を家に連れて帰った。

2 彼は病気になった。

3 彼はペットショップを見つけた。

4 彼はペットをなくした。

解説　放送文全体がフレッドの先週以降の出来事についてなので，聞き取った内容と選択肢を照合して正誤を判断しよう。放送文の前半から，フレッドは公園で見つけた猫を家に連れて帰ったことがわかるので，**1** が正解。3 文目の took it home の it は猫のこと。

(4) 解答 3

Meg works as a waitress at a café. She likes her job very much. But yesterday, while she was carrying a glass bottle, it fell out of her hand. It dropped on her foot, so it didn't break. She was lucky.

Question: What happened to Meg yesterday?

メグはカフェでウエイトレスとして働いている。彼女は自分の仕事が大好きである。しかし，昨日，彼女がガラス瓶を運んでいたとき，それが彼女の手から落ちた。それは彼女の足の上に落ちたので，割れなかった。彼女は運がよかった。

質問：昨日，メグに何が起きたか。

1 彼女は新しい仕事を見つけた。

2 彼女はカフェの中で転んだ。

3 彼女は瓶を落とした。

4 彼女は足を骨折した。

<u>解説</u>　質問はメグに起きた昨日の出来事について
なので，But yesterday 以降をよく聞く。「ガラス
瓶が手から落ちた」を「瓶を落とした」と言い換えた
3 が正解。it fell out of her hand の it は a glass
bottle のこと。fell (out of ～)「(～から) 落ち
た」とそのあとの dropped「落ちた」が同じ意味
で，**3** の dropped は「～を落とした」という意味。
2 の fell は「転ぶ」の意味の fall の過去形。また，
it didn't break の break は「割れる」という意味
で，**4** の broke は「～を折る，骨折する」の意味の
break の過去形。それぞれの動詞の意味と過去形，
発音を確認しておこう。

問題 ➡ 本冊 p.97

<u>合格
LESSON
29</u> **やってみよう！**

🎵 **28**

(1)　<u>解答</u> **3**

Attention, please. Today, we're having a sale
in the camping section. You can get 10 percent
off if you buy two items. Also, there will soon
be a talk by our football hero, George Hill, so
don't miss it!

Question: Where is the man talking?

みなさまにお知らせします。本日，当店はキャン
プ用品売り場でセールを開催しています。商品を
2 つ買えば 10 パーセント割引になります。また，
フットボール界のヒーロー，ジョージ・ヒルによ
るトークが間もなく行われますので，お見逃しな
く！

質問：男性はどこで話しているか。

1 キャンプ場で。

2 スーパーマーケットで。

3 スポーツ用品店で。

4 スタジアムで。

<u>解説</u>　Attention, please. はアナウンスの典型的な
出だしである。アナウンスがどこで流れているかを
問う問題。2 文目で we're having a sale ... と言っ
ているので，セールが行われる場所だと想像しよう。
そのあとの get 10 percent off，buy two items,
football などの表現から，スポーツ用品を売ってい
る店の店内アナウンスと判断して，**3** が正解。

(2)　<u>解答</u> **3**

Attention, students. The soccer game was
going to start in 30 minutes on our soccer field.
But the bus carrying the Jaguar team has been
late, so it'll start at 2 o'clock instead of 1:30.

Question: What time will the soccer game
start?

生徒のみなさまにお知らせします。サッカーの試
合は，当校のサッカー場で 30 分後に始まる予定で
した。しかし，ジャガーチームを乗せたバスが遅れ
ているため，1 時 30 分ではなく 2 時に始まります。

質問：サッカーの試合は何時に始まるか。

1 1 時。

2 1 時 30 分。

3 2 時。

4 2 時 30 分。

<u>解説</u>　Attention, students. で始まる校内放送。時
刻を問う問題では，複数の時刻が耳に入ってくる
ので，「何時に何が起こるか」「変更前と変更後」な
どに注意して聞く。質問は「試合の開始時刻」で，
it'll start at <u>2 o'clock</u> から，**3** が正解。そのあと
の instead of 1:30 は「1 時 30 分ではなく」とい
う意味で，変更前の開始時刻であることに注意。
instead of ～は「～の代わりに」という意味で，話
の展開のポイントとなることが多い。

(3)　<u>解答</u> **4**

Welcome to our Science Museum. If you're
interested in space, go to the second floor.
You can get into a rocket as large as a real one.
Please don't touch any computers or machines
in it.

Question: What can people do on the second
floor?

当科学博物館へようこそ。宇宙に興味がある人は，
2 階にお越しください。本物と同じ大きさのロケッ
トの中に入ることができます。中にあるコンピュー
ターや機械には触れないでください。

質問：人々は 2 階で何ができるか。

1 科学の本を買う。

2 コンピューターゲームをする。

3 さまざまな機械に触る。

4 ロケットの中に入る。

<u>解説</u>　博物館のガイドによる説明。聞き手である

来館者が 2 階でできることは，You can get into a rocket as large as a real one. から，**4** が正解。**3** は，Please don't touch .... の部分から，「してはいけないこと」である。

(4) 解答 **1**

Now for the weather news. It's been sunny this week, but tomorrow morning, it'll be rainy. The wind will not be strong, but it'll be cold. The rain will stop and it'll be sunny again in the evening.

Question: What will the weather be like tomorrow evening?

さて，気象情報です。今週はずっと晴れていましたが，明日の朝は雨になるでしょう。風は強くありませんが，寒くなるでしょう。夕方には雨は止み，再び晴れるでしょう。

質問： 明日の夕方の天気はどうなるか。
1 晴れ。
2 雨。
3 曇り。
4 風が強い。

解説　冒頭の Now for the weather news. から，気象情報［お天気ニュース］である。質問は「明日の夕方」についてで，The rain will stop and it'll be sunny again in the evening. から，**1** が正解。The rain will stop は「雨が降り止む」という意味。勘違いして **2** を選ばないように。

(1) 解答 **1**

★：How was your speech at school?
☆：I made many mistakes, Dad.
★：I'm sure you'll do better next time.
1 I hope so, too.
2 I haven't decided yet.
3 It's my favorite sport.

★：学校でのスピーチはどうだった？
☆：たくさん間違ったわ，お父さん。
★：きっと次はもっとうまくできるよ。
1 そうだといいわ。
2 まだ決めていないの。
3 それは私の大好きなスポーツよ。

解説　スピーチでたくさん間違えたと言う娘に対し，父親は I'm sure you'll do better next time.「きっと次はもっとうまくできるよ」と言って励ましている。これに対し，I hope so, too. と応じている **1** が正解。so は I hope I'll do better next time ということ。

(2) 解答 **3**

★：You're late, Tina.
☆：Sorry, Mike. I had to help my little sister.
★：What happened to her?
1 Her bike is red.
2 We had a lot of fun.
3 She fell down the stairs.

★：遅いよ，ティナ。
☆：ごめんね，マイク。妹を助けないといけなかったの。
★：彼女に何があったの？
1 彼女の自転車は赤よ。
2 私たちは大いに楽しんだわ。
3 階段から落ちたの。

解説　女の子が遅刻の理由として「妹を助けないといけなかった」と言ったので，男の子が What happened to her?「彼女（＝女の子の妹）に何があったの？」と尋ねている。これに対し，具体的に何があったかの説明になっている **3** が正解。

(3) 解答 **2**

☆ : Did you make these cupcakes by yourself?
★ : Yes, I did.
☆ : They look great.
1 Let's take a walk.
2 You can take one.
3 Please show it to me.

☆ : これらのカップケーキ，自分で作ったの？
★ : うん，そうだよ。
☆ : すごくおいしそうね。
1 散歩に行こう。
2 1つ取っていいよ。
3 それをぼくに見せて。

解説 息子が作ったカップケーキを見て，母親が They look great. と褒めている場面。息子の応答として，カップケーキを勧めている **2** が適切。one は a cupcake のこと。

(4) 解答 **2**

★ : That's a nice hat, Mari.
☆ : Thank you. I like it very much.
★ : How did you get it?
1 Yes, it was nice.
2 It was a present.
3 I go to school by bus.

★ : それ，すてきな帽子だね，マリ。
☆ : ありがとう。とても気に入っているの。
★ : どうやって手に入れたの？
1 うん，それはすてきだったわ。
2 プレゼントだったの。
3 私はバスで学校へ行くわ。

解説 男の子が女の子の帽子を褒めている場面。How did you get it? の it は女の子の帽子のことで，「どうやって手に入れたの？」に対し，「プレゼントだった」→「プレゼントでもらった」という意味になる **2** が適切。How の質問は，方法，やり方，手段を問うことが多い。

(5) 解答 **3**

☆ : Have you ever been abroad?
★ : Yes. I've been to Hawaii once. I stayed with my friend for three weeks.
☆ : I've never been to Hawaii, but I've been to Spain twice.
★ : Wow. I want to go there someday.
Question: How many times has the woman been to Spain?

☆ : 海外に行ったことはある？
★ : うん。ハワイに1回行ったことがある。友達のところに3週間滞在したんだ。
☆ : 私はハワイには一度も行ったことがないけど，スペインに2回行ったことがあるわ。
★ : すごい。いつかぼくもそこに行きたいな。
質問：女性は何回スペインに行ったことがあるか。
1 一度もない。
2 1回。
3 2回。
4 3回。

解説 回数を尋ねる問題で，数に関する表現を整理しながら聞くことがポイント。質問は「女性がスペインに行った回数」で，I've been to Spain twice から，**3** が正解。

(6) 解答 **1**

☆ : What's your plan after lunch, Jim?
★ : I'm going to the library, Mom. Bill and I will study together.
☆ : OK, but clean up your room before you go.
★ : All right.
Question: What does Jim's mother tell him to do?

☆ : 昼食後の予定は何，ジム？
★ : 図書館へ行くよ，お母さん。ビルとぼくとでいっしょに勉強するんだ。
☆ : わかったわ，でも行く前に部屋を片付けなさいね。
★ : わかった。
質問：ジムの母親は彼に何をするように言っているか。
1 部屋をきれいにする。
2 家で勉強する。
3 昼食を作る。
4 本を読む。

解説 What does *A* tell *B* to do?「A は B に何をするように言っているか」の質問パターンでは，依頼表現や指示文・命令文がヒントになる。ここでは，母親は OK, but <u>clean up your room</u> before you go. と言っているので **1** が正解。but が聞こえたらそのあとをよく聞こう。

(7) 解答 **3**

☆：Is that your new bike, Ken?

★：It's not mine, Mari. I think it's Dan's.

☆：I don't think so. He always walks to school with his sister.

★：But he just bought a new bike. Look. Here's his name on it.

Question: Whose bike are they looking at?

☆：それ，あなたの新しい自転車なの，ケン？

★：これはぼくのじゃないよ，マリ。ダンのだと思う。

☆：それは違うと思うわ。彼はいつもお姉さん[妹さん]と学校に歩いてくるもの。

★：でも彼は新しい自転車を買ったばかりなんだ。見て。ここに彼の名前がある。

質問：彼らはだれの自転車を見ているか。

1 ケンの（自転車）。

2 マリの（自転車）。

3 ダンの（自転車）。

4 ダンの姉[妹]の（自転車）。

解説 話題は「自転車」で，「だれのものか」を尋ねる問題。ケンが I think it's Dan's. と言うとマリは「違うと思う」と答えるが，最後にケンが，自転車にダンの名前があるのを見つける。よって，ダンの自転車だと判断できるので，**3** が正解。Here's his name on it. の his name はダンの名前のことで，it は 2 人が見ている自転車のこと。

(8) 解答 **1**

★：Is that a picture of your family, Meg?

☆：Yes. These are my parents and this is my little brother.

★：Who is this woman with long hair?

☆：That's my older sister. She lives in Italy now. I want to visit her someday.

Question: What are they talking about?

★：それは君の家族の写真なの，メグ？

☆：そう。これが私の両親で，これが私の弟よ。

★：髪の長いこの女性はだれ？

☆：それは私の姉よ。今イタリアに住んでいるの。いつか彼女のところに行きたいわ。

質問：彼らは何について話しているか。

1 メグの家族。

2 メグの髪。

3 メグの将来の夢。

4 メグのイタリア旅行。

解説 対話の話題を問う問題。冒頭の Is that a picture of your family, Meg? から，2 人はメグの家族写真を見ていることを想像しよう。そのあと写真に写っている人物について順に話しているので，話題として **1** が正解。

(9) 解答 **4**

Good evening, ladies and gentlemen. The musical will begin in ten minutes. Please turn off your phones now. You cannot take photos or record music during the show. Thank you, and enjoy the show.

Question: What do people have to do now?

みなさま，こんばんは。ミュージカルは 10 分後に始まります。今すぐ携帯電話の電源をお切りください。ショーの間，写真撮影や音楽の録音をしてはいけません。ご協力ありがとうございます，そしてショーをお楽しみください。

質問：人々は今，何をしなければならないか。

1 チケットを見せる。

2 席に着く。

3 写真を撮る。

4 電話の電源を切る。

解説 ミュージカルのショーが始まる前の会場内のアナウンス。聞き手（＝聴衆）がしなければならないことは，指示文・命令文に手がかりがある。ここでは，Please turn off your phones now. から，**4** が正解。携帯電話やスマートフォンは単に phone と言うこともあるので覚えておこう。You cannot take photos から，**3** は「してはいけないこと（禁止事項）」である。

(10) 解答 **3**

I usually get up at six because I have baseball practice before class. But this morning, I woke up at seven. I left home without eating breakfast. I was in time for the practice, but I was very hungry.

Question: What was the boy's problem?

ぼくは授業の前に野球の練習があるので，ふだん6時に起きる。しかし，今朝は，7時に目が覚めた。ぼくは朝食を食べずに家を出た。練習には間に合ったが，とてもお腹が空いていた。

質問：男の子の問題は何だったか。

1 彼は早く目が覚めた。

2 彼は野球の試合に負けた。

3 彼は朝食を食べられなかった。

4 彼は練習に遅刻した。

──────────

解説　人物の問題を問う問題。But 以下がポイントで，「今朝は，7時に目が覚めた（＝寝坊）」→「朝食を食べずに家を出た（＝朝食を食べられなかった）」という流れから，**3** が正解。I was in time for the practice から，朝練習には間に合ったので **4** は不適切。in time for ～は「～に間に合って」という意味。

(11) 解答 **1**

Attention, students. The weather news says it'll rain badly tomorrow. So we've decided to hold tomorrow's sports event in the gym instead of on the field. Get together at 9 a.m. in the cafeteria, and don't forget your gym shoes.

Question: Where will the event be held tomorrow?

生徒のみなさまにお知らせします。天気予報によると，明日は大雨が降ります。そのため，明日のスポーツイベントは，グラウンドではなく，体育館で行うことに決まりました。午前9時にカフェテリアに集合してください，そして体育館シューズを忘れずに。

質問：明日，イベントはどこで行われるか。

1 体育館で。

2 教室で。

3 グラウンドで。

4 カフェテリアで。

──────────

解説　Attention, students. で始まる校内放送。質問はイベントが行われる場所で，変更前と変更後を聞き分けることがポイント。we've decided to hold tomorrow's sports event in the gym から，**1** が正解。続く instead of on the field に出てくる「グラウンド」は変更前の場所なので注意。ここを聞き逃しても最後の don't forget your gym shoes もヒントになる。**4** の「カフェテリア」は朝の集合場所であってイベントが行われる場所ではないので不適切。

(12) 解答 **4**

Last night, Linda watched a TV program about gardening. She got interested in growing flowers and vegetables in her garden. Today, she is going to the library to borrow some books about gardening.

Question: Where will Linda go today?

昨夜，リンダはガーデニングに関するテレビ番組を見た。彼女は花や野菜を自分の庭で育てることに興味をもった。今日，彼女はガーデニングに関する本を何冊か借りるために図書館へ行くつもりだ。

質問：リンダは今日，どこへ行くか。

1 花の庭園へ。

2 レストランへ。

3 八百屋へ。

4 図書館へ。

──────────

解説　放送文は，リンダの昨夜の出来事（過去）→今日このあとにすること（未来）の順に話されている。質問は「今日行く場所」で，Today, she is going to the library から，**4** が正解。放送文の flowers, vegetables, garden を含むほかの選択肢に注意。

そっくり模試 【解答一覧】

問題 ➡ 本冊 p.108～125

筆記解答欄

問題番号		1	2	3	4
1	(1)		●		
	(2)			●	
	(3)			●	
	(4)				●
	(5)		●		
	(6)				●
	(7)	●			
	(8)			●	
	(9)		●		
	(10)	●			
	(11)				●
	(12)		●		
	(13)				●
	(14)			●	
	(15)		●		

筆記解答欄

問題番号		1	2	3	4
2	(16)				●
	(17)			●	
	(18)		●		
	(19)	●			
	(20)	●			
3	(21)		●		
	(22)				●
	(23)		●		
	(24)			●	
	(25)	●			
	(26)			●	
	(27)	●			
	(28)			●	
	(29)			●	
	(30)		●		

リスニング解答欄

問題番号		1	2	3	4
第1部	例題			●	
	No.1	●			
	No.2		●		
	No.3	●			
	No.4			●	
	No.5			●	
	No.6		●		
	No.7	●			
	No.8	●			
	No.9	●			
	No.10			●	
第2部	No.11			●	
	No.12			●	
	No.13				●
	No.14	●			
	No.15		●		
	No.16				●
	No.17			●	
	No.18		●		
	No.19			●	
	No.20				●
第3部	No.21			●	
	No.22		●		
	No.23	●			
	No.24	●			
	No.25				●
	No.26			●	
	No.27			●	
	No.28			●	
	No.29		●		
	No.30	●			

※筆記 **4** の解答例は p.43 ～ 44，筆記 **5** の解答例は p.44 に
あります。

1

(1) 解答 **2**

「私は先週末にスキーに行った。あまり上手に滑ることができず何度も転んだが，よい**経験**になった」

解説　名詞の問題。「あまり上手に滑ることができず何度も転んだ」に対して a good（　　）と意味がつながるのは experience「経験」。a good experience で「よい経験」という意味になる。**1** example「例」，**3** environment「環境」，**4** entrance「入り口」。

(2) 解答 **3**

A:「洗濯機が古すぎる。新しいものを買ったほうがいいね」

B:「**賛成だわ**。明日洗濯機を買いに行きましょう」

解説　動詞の問題。話題は古い洗濯機。Bは空所のあとで「明日洗濯機を買いに行きましょう」と言っているので，Aの「新しいものを買ったほうがいい」という提案に賛同していることがわかる。one はいずれも washing machine「洗濯機」のこと。agree を入れて I agree.「賛成です」とするのが適切。**1** believe「（～を）信じる」，**2** fit「～に合う」，**4** discover「～を発見する」。

(3) 解答 **3**

「昨夜，カズヤの家族は中華料理店に行ったが，そこは閉まっていた。そこで，彼らは**代わりに**イタリア料理店に行った」

解説　副詞の問題。反対の内容を結ぶ but と結果を表す So に着目して，「中華料理店に行ったが，閉まっていたからイタリア料理店に行った」という流れをつかもう。instead「代わりに」が適切。**1** anywhere「どこへでも」，**2** either「どちらか」，**4** yet「もう，まだ」。

(4) 解答 **4**

A:「すみません。子供用の靴はどこにありますか」

B:「私に**ついてきて**ください。ご案内します」

解説　動詞の問題。子供靴の売り場を尋ねる客（A）に対し，店員（B）が売り場に案内しようとしている場面である。follow は「人」を目的語に取ると「（人）についていく」という意味。**1** cross「～を渡る」，**2** invite「～を招待する」，**3** catch「～をつか

まえる」。

(5) 解答 **2**

「フランスのパリのエッフェル塔はとても有名だ。その**高さ**は 324 メートルで，エレベーターで最上階まで行くことができる」

解説　名詞の問題。空所前の Its は「エッフェル塔の」を意味することから，空所後の 324 meters「324メートル」とつながるのは height「高さ」という意味の名詞。形容詞の high「高い」といっしょに覚えておこう。**1** circle「円」，**3** course「コース」，**4** way「方法，道」。

(6) 解答 **4**

A:「この本を君に貸そうか。歴史の宿題を仕上げるのにとても**役に立つ**よ」

B:「ありがとう！」

解説　形容詞の問題。「この本を君に貸そうか」とAが言う理由は，宿題の「役に立つ」（useful）からである。**1** full「いっぱいの」，**2** social「社会的な」，**3** peaceful「平和な」。

(7) 解答 **1**

A:「**注意深く**運転して，マイク！　道路がすごくぬれているよ」

B:「わかったよ，お父さん」

解説　副詞の問題。道路がぬれているときどんなふうに運転するべきかを考えると，carefully「注意深く，慎重に」が適切である。**2** cheaply「安く」，**3** finally「最後に，ついに」，**4** luckily「幸運にも」。

(8) 解答 **3**

「トモミの父親は昨日，**仕事で**福岡に行った。彼は明日，家に戻る」

解説　熟語の問題。on business で「仕事で」という意味。**1** の job や **2** の work も「仕事」という意味だが，「仕事が目的で～へ行く」という文脈では on business と表すので覚えておこう。**4** の trip は「旅，旅行」という意味で，go on a trip で「旅行に行く」，go on a business trip で「出張に行く」という意味になる。

(9) 解答 **2**

A:「滞在中に助けが必要な場合は，私**に頼って**いいですよ」

B:「ありがとうございます，ブラウンさん」

解説 熟語の問題。depend on ～「～に頼る」が文脈に合う。**1** は keep on ～で「～し続ける」，**3** は try on ～で「～を試着する」，**4** は get on ～で「～に乗る」。

(10) 解答 **1**

「アミは昨日，学校のスピーチコンテストで優勝した。彼女の友人たちはその知らせ**にとても驚いた**」

解説 熟語の問題。be surprised at ～で「～に驚く」という意味。be interested <u>in</u> ～「～に興味がある」，be covered <u>with</u> ～「～で覆われている」，be proud <u>of</u> ～「～を誇りに思う」のように，形容詞を含む熟語は前置詞に注意して覚えよう。

(11) 解答 **4**

A:「すみません。ビクトリア駅に行くにはどこで列**車を乗り換え**たらいいですか」
B:「ここから 2 つ目の駅です」

解説 熟語の問題。change trains で「列車を乗り換える」という意味。change buses「バスを乗り換える」，change clothes「服を着替える」のように目的語に名詞の複数形がくる表現を知っておこう。**1** turn「曲がる」，**2** waste「～を無駄にする」，**3** share「～を共有する」。

(12) 解答 **2**

A:「あなたはどれくらい日本にいるの，ダン？」
B:「10 年だよ。ぼくは 24 **歳のときに**神戸に来たんだ」

解説 熟語の問題。age は「年齢」という意味で，at the age of ～で「～歳のときに」という意味。**1** time「時，時間」，**3** space「空間，宇宙」，**4** piece「1 切れ，1 片」。

(13) 解答 **4**

「私はとてもお腹が空いたので，何か**食べる**ものを買いにスーパーマーケットに行った」

解説 to 不定詞の問題。〈(代)名詞＋to＋動詞の原形〉で「～するための…」という意味。

(14) 解答 **3**

A:「メキシコで**話されている**主な言語は何ですか」
B:「スペイン語です」

解説 〈分詞＋語句〉が前の名詞を修飾する問題。空所以下が前の名詞 the main language を修飾している。「メキシコで<u>話されている</u>主な言語」という受け身がふさわしいので，speak「(～を) 話す」

の過去分詞 spoken が適切。

(15) 解答 **2**

「昨日，私は**母親**が人気歌手である男の子に会った。私は彼と話せてとてもうれしかった」

解説 関係代名詞の問題。空所の前は a boy「男の子」，あとは mother「母親」で，「男の子の<u>母親</u>は人気歌手である」という文意なので，関係代名詞 whose を入れるのが適切。

2

(16) 解答 **4**

娘:「ああ，もう！ 鍵が見つからない！」
母親:「居間で見かけたわよ。そこを確認したほうがいいわ」

1 楽しそうね。
2 あなたの鍵は調子が悪いわ。
3 1 つも持っていないわ。
4 居間で見かけたわよ。

解説 「鍵が見つからない」と言う娘に対し，母親はどう答えたか。空所後の文に there とあるので，the living room「居間」という場所を含む **4** を入れると流れに合う。**4** の them は「鍵」を指す。

(17) 解答 **3**

男の子:「ぼくは日曜日に野球の試合を見に行くんだ。**君も来る？**」
女の子:「ええ，ぜひ行きたいわ」

1 どこで会おうか。
2 君は野球をするつもりなの？
3 君も来る？
4 君はどうやってチケットを入手したの？

解説 空所に疑問文が入る場合はそのあとの応答をよく確認しよう。女の子は I'd love to「ぜひ～したい」と言っているので，野球観戦に誘っている **3** が適切。Would you like to ～？は「～したいですか，～しませんか」という提案・勧誘の表現。

(18) 解答 **2**

生徒:「ウィルソン先生，窓を開けてもいいでしょうか。少し暑いです」
先生:「もちろんです。**どうぞ**」

1 ええと。
2 どうぞ。
3 また今度ね。
4 よくわかりません。

解説 生徒が窓を開けてもよいか尋ね，先生は Of course. と言って承諾しているので，その続きとしては Go ahead.「どうぞ」が適切。

(19) 解答 **1**

客：「すみません。男性用のセーターを探しているのですが，見当たりませんでした」
店員：「5 階にあります」
客：「わかりました，見に行きます」
1 5 階にあります。
2 セーターはセール中です。
3 申し訳ありませんが，当店はセーターを売っていません。
4 そのセーターはとても似合っていますよ。
解説 男性用のセーターを探している客に対し，店員が「5 階にあります」と場所を教えている場面である。正解 **1** の They は men's sweaters を指す。**3** は前の客の発言には合うが，あとの「見に行きます」に合わない。空所のあともしっかりと読むようにしよう。

(20) 解答 **2**

夫：「キャシー，今夜，夕食を外に食べに行かない？」
妻：「いいわね。**インド料理はどう？**」
夫：「悪くないね。30 分後に出よう」
1 スパゲッティを作ってくれる？
2 インド料理はどう？
3 家で食べるのは好き？
4 そのレストランに電話をしたの？
解説 夫婦の会話で，空所に疑問文が入るパターン。夫が外食に誘い，妻が Good idea. と言って賛成している。さらに，空所の内容に対して夫が Not bad. と同意しているので，「インド料理（を食べに行くの）はどう？」と具体的に提案している **2** が合う。

3 A

(21) 解答 **2**

「図書館はいつ通常よりも早く閉館するか」
1 12 月 25 日。
2 12 月 31 日。
3 1 月 1 日。
4 1 月 4 日。
解説 close earlier than usual「通常よりも早く閉館する」日に関する情報を掲示から探す。Closing Times「閉館時刻」の欄に，「12 月 30 日までおよび 1 月 5 日以降は午後 8 時」とあるので，午後 8 時が通常の閉館時刻。そのあとの「＊12 月 31 日は午後 6 時」から，12 月 31 日が早く閉まる日であるとわかる。掲示の注意書きは問われやすいので，見落とさないようにしよう。

(22) 解答 **4**

「クリスマスイベントに参加するのに，人々がしなければならないことは」
1 12 月 25 日にインフォメーションデスクに電話をする。
2 そのイベントのための特別なポスターを作る。
3 お正月休みのために本を 20 冊借りる。
4 チケットを入手するためにインフォメーションデスクに行く。
解説 クリスマスイベントに関する情報は掲示の最後のほうの We also have ... の部分にある。「ポスターをご覧ください」のあと，「チケットはインフォメーションデスクで販売しています」とあるので，イベントに参加するにはチケットを入手する必要があると考えられる。よって，**4** が正解。

全訳
市立図書館からのお知らせ
年末の図書館利用とイベントのお知らせ
年始の間，当市立図書館は閉館します。

閉館日：1 月 1 日～1 月 4 日
閉館時刻：12 月 30 日までおよび 1 月 5 日以降は午後 8 時
　　　　　＊12 月 31 日は午後 6 時

休みの間は 1 人につき 1 ～20 冊の本を借りることができますので，お正月休みの間は読書をお楽しみください。

12月25日は特別イベントもあります。クリスマスイベントのポスターをご覧ください。チケットはインフォメーションデスクで販売しています。多くの人がイベントに来てくれることを願っています。

www.citylibrary.org

(23) 解答 **2**

「金曜日，ボブに何があったか」
1 彼はよく眠れなかった。
2 彼は学校に行けなかった。
3 彼は宿題をするのを忘れた。
4 彼は医者に診てもらいに行った。

解説 1通目のボブが書いたEメールを参照。冒頭に I was absent from school today ... とあり，「学校を休んだ」を「学校に行けなかった」と言い換えた**2**が正解。次の文の I didn't go to see a doctor から，4は不適切。また I slept a lot. から，1も不適切。なお，2通目のEメールでパティが Tomorrow is Saturday「明日は土曜日」と言っている。3通のEメールはいずれも同じ日付なので，today は金曜日である。

(24) 解答 **3**

「彼らは数学の宿題で何をしなければならないか」
1 インターネットで情報を見つける。
2 次の授業のために教科書を読む。
3 ワークブックをする。
4 数学の宿題はない。

解説 宿題の詳細については2通目のパティのEメールを参照。数学についての情報は，In math class, ... 以降に手がかりがある。The homework is from the new part. It's in the workbook.「宿題はその新しいパートから出ているわ。それはワークブックにあるよ」から，数学の宿題として**3**が正解。2は社会科の宿題である。

(25) 解答 **1**

「ボブはどこでパティと宿題をしたいと思っているか」
1 図書館で。
2 彼の家で。
3 学校で。
4 パティの家で。

解説 パティは2通目のEメールの後半で ..., so shall we do the homework together? と言っていっしょに宿題をすることを提案している。そして場所については，続く文で「午後に図書館に行くことにしている」から ... I can meet you there「そこ（＝図書館）で会える」と言っている。これに対し，ボブは3通目のEメールで ..., so let's do the homework together. I'll see you at the library .... と言って，図書館で宿題をすることに同意しているので，**1**が正解。

全訳

送信者：ボブ・ジェームズ
受信者：パティ・オースティン
日付：11月22日
件名：宿題

こんばんは，パティ，
元気？　ぼくは一日中病気で寝ていたから，今日，学校を休んだんだ。医者には診てもらわなかったけど，お母さんが薬をくれた。よく眠ったよ。風邪をひいているのだと思うけど，今は具合がずっとよくなったよ。授業はどうだった？　宿題はある？教えてください。
君の友達，
ボブ

送信者：パティ・オースティン
受信者：ボブ・ジェームズ
日付：11月22日
件名：数学の宿題

こんばんはボブ！
具合がよくなってうれしいわ。私たちは今日，4教科あったよ。理科と英語は宿題がないわ。社会科は，次の授業のために教科書の72ページから78ページを読まなくてはいけない。数学の授業では，66ページから5ページ終わった。それに今日，新しいパートが始まったよ。宿題はその新しいパートから出ているわ。それはワークブックにあるよ。明日は土曜日だから，いっしょに宿題をする？　私は午後に図書館に行くことにしている。あなたの具合が十分よくなったら，そこで会えるね。それで大丈夫かな？
パティ

送信者：ボブ・ジェームズ
受信者：パティ・オースティン

日付：11月22日
件名：図書館で

やあパティ，
Eメールをありがとう，君はとても親切だね。もう具合がよくなったので，いっしょに宿題をしよう。明日の午後，2時に図書館で会おう。必要な教科書とワークブックを全部持っていくね。時間があれば，勉強のあと，ぼくの家にピザを食べに来ない？お父さんが作ることになっているんだ。彼のピザはとても特別だよ。きっと気に入るよ。どうもありがとう，パティ。
また明日，
ボブ

3　C

(26) 　解答　**3**

「東京で最初の猫カフェはいつ開業したか」
1 1998年。
2 2004年。
3 2005年。
4 2010年。
解説　日本で最初の猫カフェについて書かれた第1段落を参照。3文目の In Japan, the first cat café opened in Osaka in 2004, and the second one in Tokyo a year later. から，日本で最初の猫カフェが2004年に大阪にでき，その翌年に日本で2つ目＝東京で最初の猫カフェができたことがわかる。the second one の one は cat café ということ。よって，正解は**3**。年号が問われる問題があれば，本文の年号に○をつけるなどして，時の流れを整理しながら読み進めよう。

(27) 　解答　**2**

「なぜ猫カフェは日本で人気があるか」
1 そこではよく，珍しい猫を客に売っている。
2 多くの人がアパートでペットを飼えない。
3 人々はそこに自分の猫を置いていくことができる。
4 人々は猫と遊ばせるためにほかの動物を連れてくることができる。
解説　猫カフェが日本で人気であることは第2段落2文目の Cat cafés are especially popular in Japan にあり，その理由が because 以下に続く。many people live in an apartment with a rule of no pets「多くの人がペットを飼ってはいけないという規則があるアパートに住んでいる」を Many people can't have pets in their apartments.「多くの人がアパートでペットを飼えない」と言い換えた**2**が正解。

(28) 　解答　**4**

「動物保護施設から猫をもらう猫カフェは何をするか」
1 高値で猫を売る。
2 黒い猫だけを集める。
3 病気の猫や怪我をした猫の世話をする。
4 新しい飼い主を見つけようとする。
解説　猫カフェの種類について書かれた第3段落を参照。質問の内容は3文目の ..., but many cafés get their cats from local animal shelters にある。続く Such cafés try to find new owners for the cats. の Such cafés はこの「動物保護施設から猫をもらう猫カフェ」のことなので，**4**が正解。

(29) 　解答　**3**

「2012年に改正された法の下では，」
1 従業員は猫により多くの猫の餌をあげることができる。
2 従業員は毎日猫を洗わなければならない。
3 客は午後10時までにカフェを出なければならない。
4 一部のカフェでは客は一晩中滞在することができる。
解説　質問の Under the law that was changed を手がかりに本文を見ていくと，第4段落3文目に Until 2012, ... but in that year, the law was changed, and the opening hours were regulated. とあり，営業時間がどう変更されたかは，続く Under the new law, visitors can play with cats until 10 p.m. at the latest. にある。「訪問客は午後10時までを上限として猫と遊ぶことができる」を「客は午後10時までにカフェを出なければならない」と言い換えた**3**が正解。**4**は法律が改正される前のことなので不適切。猫に餌をやったり，猫を清潔に保ったりするための規則はあるが，餌の量についてや「毎日洗う」というような記述はないので**1**と**2**は不適切。

(30) 解答 **2**

「この話は何についてか」

1 日本の猫カフェに関する問題点。

2 日本の猫カフェの歴史。

3 ある猫カフェの最も有名な猫。

4 猫の命を救うボランティアたち。

解説 タイトルの通り，「猫カフェ」に関する説明文である。第1段落で世界で最初の台湾の猫カフェを紹介するものの，そのあとはずっと日本の猫カフェの話である。日本で最初の猫カフェや猫カフェが人気である背景，そして法律が改正されたことなどが書かれているので，**2**「日本の猫カフェの歴史」が適切。

全訳

猫カフェ

1998年，世界で最初の猫カフェ「キャット・フラワーガーデン」が台湾に開業した。そのカフェは台湾人と観光客の両方に人気となった。日本では，最初の猫カフェが2004年に大阪で，2つ目の猫カフェが1年後に東京で開業した。2005年から2010年の間に全国に100以上の猫カフェが存在した。

猫カフェは，猫と人が出会うのに適した場所である。多くの人がペットを飼ってはいけないという規則があるアパートに住んでいるので，猫カフェは日本では特に人気がある。忙しすぎてペットの世話ができない人もいる。客はカフェが閉まるまでそこにいることができる。たいてい，彼らは約1時間そこで過ごす。

日本にはたくさんの種類の猫カフェがある。例えば，黒い猫しかいないカフェがある。また，高級なペットショップから猫を買うカフェもあるが，多くのカフェは地元の動物保護施設から猫をもらっている。そういったカフェは猫の新しい飼い主を見つけようとしている。

日本の猫カフェはどこも免許が必要である。また，カフェには，猫と部屋を清潔に保ったり，猫に餌を与えたりするための規則がある。2012年までは，一部のカフェでは客が猫と一晩中遊べたが，その年に法律が改正され，営業時間が規制された。新しい法律の下では，訪問客は午後10時までを上限として猫と遊ぶことができる。

猫カフェでは，猫にとって居心地がよいことが非常に重要である。猫カフェは訪問客のためだけのものでなく，猫が幸せに感じる場所でもある。

4

解答例 **1** I went to the zoo by bus. It was crowded, but I had a lot of fun. I liked the lions the best. (23語)

解答例の訳 動物園にはバスで行ったよ。混んでいたけど，とても楽しんだよ。ライオンがいちばん気に入ったよ。

解説 まずは，メール2文目の「動物園に行った」の部分で話題をつかもう。1つ目の質問はHow ～ ? で動物園までの交通手段を尋ねているので，by bus「バスで」，by train「電車で」などと答えよう。2つ目の質問のwhat animals ～ ?に対しては，〈I liked＋動物＋the best.〉で答えるとよい。動物園にいそうな動物で，自信をもってつづりを書ける動物を自由に選んで書こう。解答例では，2文目で「混んでいたけど，とても楽しんだ」と書いており，このように，感想は2つの質問への返事の間に書くこともできる。重要なことは，返信メールとして自然な流れになっているかどうかである。

【1文目】1つ目の質問への返事。

【2文目】動物園の感想。

【3文目】2つ目の質問への返事。

• • •

解答例 **2** I went to the zoo by train. I liked the horses the best. I gave some food to them, and it was fun! (23語)

解答例の訳 動物園には電車で行ったよ。馬がいちばん気に入った。馬にエサをやって，楽しかったよ！

解説 この解答例では，2つの質問への返事を続けて書いたあと，3文目でいちばん気に入った動物の話を補足している。文章を書き終わったら，問題用紙のEメールと自分の返信メールを通して読んで，2つの質問に答えているかだけでなく，自然な流れになっているかを確認しよう。

解答例の構成は次のようになっている。

【1文目】1つ目の質問への返事。

【2文目】2つ目の質問への返事。

【3文目】2つ目の返事の補足説明。

全訳

こんにちは，

メールをありがとう。

先週末に動物園に行ったんだってね。それについてもっと知りたいな。動物園にはどうやって行ったの？ 何の動物がいちばん気に入った？

あなたの友達，
ソフィア
- -
こんにちは，ソフィア！
メールをありがとう。

解答

それでは，

5

QUESTION の訳 ──────────
あなたはレストランで食べるのと，自宅で食べるのとでは，どちらのほうが好きですか。

──────────

解答例(1) I like eating at home better. I have two reasons. First, I like cooking and often make dinner for my family. Second, there are not many good restaurants around my house. (31 語)

解答例の訳 私は自宅で食べるほうが好きです。理由が2つあります。第1に，私は料理が好きで，よく家族のために夕食を作ります。第2に，私の家の周りにはおいしいレストランがあまりありません。

解説 自分の考えは，質問の表現を利用して，I like eating ～ better than .... の形で書く。than 以下は省略してもよい。2つの理由は，First, ... Second, ... を使うと相手に伝わりやすい。
解答例の構成は，次のようになっている。
【自分の考え】自宅で食べるほうが好き
（理由が2つあることを明示）
【理由1】料理が好きだから
【理由2】家の周りにおいしいレストランがあまりないから

● ● ●

解答例(2) I like eating at a restaurant better because there are many good restaurants near my house. Also, it is easier and quicker to eat out than cooking and eating at home. (31 語)

解答例の訳 私はレストランで食べるほうが好きです。なぜなら，私の家の近くにおいしいレストランがたくさんあるからです。また，外食をすることは家で料理をして食べるよりも楽で速いです。

解説 解答例2では，1文目で自分の考えのあとすぐに because を使って1つ目の理由を述べてい

る。2文目では Also を使って2つ目の理由を述べている。このように，解答を2文で書くこともできる。
解答例の構成は，次のようになっている。
【自分の考え】レストランで食べるほうが好き
【理由1】家の近くにおいしいレストランがたくさんあるから
【理由2】家で料理をして食べるよりも外食のほうが楽で速いから

リスニング

第 1 部 🎵 36 ～ 🎵 46

例題　解答 3

★：Excuse me. Is there a shuttle bus to the airport?
☆：Yes. Please wait at bus stop Number 8.
★：How often does it come?
1 I don't know the way.
2 Next to the ticket machine.
3 Every fifteen minutes.

★：すみません，空港行きのシャトルバスはありますか。
☆：はい。8番バス乗り場でお待ちください。
★：どれくらいの頻度で来ますか。
1 私は道がわかりません。
2 券売機の隣です。
3 15分おきです。

No. 1　解答 1

★：I've wanted to go to this concert for a long time.
☆：Yeah, me, too.
★：Thank you for inviting me.
1 It's my pleasure.
2 That's a good idea.
3 Please take care.

★：長い間このコンサートに行きたかったんだ。
☆：ええ，私もよ。
★：誘ってくれてありがとう。
1 どういたしまして。
2 それはいい考えね。
3 気をつけてね。

解説　Thank you for ～ . は「～をありがとう」という意味で，お礼に対する応答として It's my pleasure.「どういたしまして」が適切。

No. 2　解答 2

☆：I watched the baseball game on TV last night.
★：Which one?
☆：Mariners versus Tigers. Did you watch it?
1 No, I'll go to the stadium.
2 No, but I wanted to.
3 No, I like watching TV.

☆：昨夜，テレビで野球の試合を見たわ。
★：どの試合？
☆：マリナーズ対タイガースよ。あなたは見た？
1 ううん，ぼくはスタジアムに行くよ。
2 ううん，でも見たかったな。
3 ううん，ぼくはテレビを見るのが好きなんだ。

解説　女の子の最後の発言 Did you watch it? の it は自分が見たテレビの野球の試合のこと。**2** は「見なかったけれど，見たかった」という意味で，これが応答として適切。

No. 3　解答 1

★：Hi, Keiko. You weren't in class this morning. What's wrong?
☆：I had a bad headache.
★：How do you feel now?
1 Much better, thanks.
2 Sorry, I was wrong.
3 I agree with you.

★：やあ，ケイコ。君は今朝，授業に出ていなかったよね。どうかしたの？
☆：ひどい頭痛がしたの。
★：今の気分はどう？
1 ずいぶんよくなったわ，ありがとう。
2 ごめんね，私が間違っていたわ。
3 あなたに賛成よ。

解説　男性の How do you feel now? は女性の頭痛の具合を尋ねたもの。これに対し女性が，「ずいぶんよくなった」と言って，男性の気遣いにお礼を述べている **1** が正解。**2** は対話中と同じ wrong を含んでいるが，意味が異なるので惑わされないようにしよう。

No. 4 解答 3

★：Hello. Can I help you?
☆：I bought this jacket for my son, but there's a problem.
★：What's the matter?
1 I have no money.
2 This toy is too expensive.
3 The button is broken.

★：こんにちは。ご用件を伺いましょうか。
☆：このジャケットを息子に買ったんですが，問題があります。
★：どこが問題ですか。
1 私にはお金がありません。
2 このおもちゃは高すぎます。
3 ボタンが壊れています。

解説 女性は息子に買ったジャケットに there's a problem「問題がある」と言っている。これに対して男性店員は What's the matter?「どこが問題ですか」と説明を求めているので，具体的に「ボタンが壊れています」と答えている **3** が適切。

No. 5 解答 3

☆：Your bicycle is very nice.
★：Thanks! I love this blue color.
☆：How long have you had it?
1 My grandpa gave it to me.
2 I ride it every day.
3 Since last summer.

☆：あなたの自転車，とてもすてきね。
★：ありがとう！　この青色が気に入ってるんだ。
☆：どれくらい乗っているの？
1 おじいちゃんがぼくにくれたんだ。
2 毎日乗っているよ。
3 昨年の夏からだよ。

解説 〈How long have you＋過去分詞 ?〉は「どれくらいの間〜しているか」という意味。「昨年の夏から（乗っている）」と答えている **3** が適切。since は「〜以来（ずっと）」という意味で，現在完了の文でよく使われる。

No. 6 解答 2

☆：How about some apple pie?
★：Yes, please.
☆：How much would you like?
1 I had some pie today.
2 Just a little.
3 I'm afraid not.

☆：アップルパイはどう？
★：うん，お願い。
☆：どれくらいいる？
1 今日，パイを食べたよ。
2 少しだけでいいよ。
3 あいにく，そうじゃないよ。

解説 女性は How much would you like? と言って，男性に食べたいアップルパイの分量を聞いている。Just a little.「少しだけ（ほしい）」と分量を答えている **2** が適切。

No. 7 解答 1

★：These peaches look good.
☆：Yes, we got them from the farmer this morning.
★：That's great. I'll take five, please.
1 OK, here you are.
2 Sure, I can meet him.
3 No, they're very cheap.

★：これらの桃はおいしそうですね。
☆：はい，今朝，農家から入荷しました。
★：それはいいですね。5 つください。
1 わかりました，どうぞ。
2 もちろん，私は彼に会えます。
3 いいえ，それらはとても安いです。

解説 「（桃を）5 つください」と言う客に，店員がどう応対するかを考えると，商品を渡す様子の **1** が適切。Here you are. は物を手渡しながら言う表現。

No. 8　解答　1

☆：John, close the window, please.
★：OK, but it's a little hot today, isn't it?
☆：It's too noisy outside.
1 All right. I'll close it.
2 I see. Let's go outside.
3 No, it's quiet here.

☆：ジョン，窓を閉めてくれるかしら。
★：いいよ，でも今日は少し暑いよね？
☆：外がうるさすぎるの。
1 わかった。窓を閉めるよ。
2 なるほど。外に行こう。
3 ううん，ここは静かだよ。

解説　女性は男性に窓を閉めるようお願いしている。あとの It's too noisy outside. は窓を閉めたい理由である。その理由を聞いて，男性が女性のお願いを受け入れる **1** が正解。I'll close it. の it は the window で I will close the window. ということ。

No. 9　解答　1

★：What delicious sandwiches!
☆：Thank you, Hiroshi.
★：Did you make them by yourself?
1 Actually, my mother helped me.
2 I ate some pizza instead.
3 We can make lunch anytime.

★：なんておいしいサンドイッチなんだ！
☆：ありがとう，ヒロシ。
★：自分で作ったの？
1 実は，お母さんが手伝ってくれたの。
2 私は代わりにピザを食べたわ。
3 私たちはいつでも昼食が作れるわ。

解説　男の子の Did you make them by yourself? の them はサンドイッチのこと。「自分で作ったの？」と聞かれて，「お母さんが手伝ってくれた」と説明している **1** が対話の流れに合う。

No. 10　解答　3

☆：Didn't you have an umbrella?
★：Oh, I left it at the restaurant!
☆：Let's go back and get it right now.
1 Of course, you can.
2 Thanks. Same to you.
3 Sorry about that.

☆：あなた，傘を持っていなかった？
★：ああ，レストランに置いてきちゃった！
☆：今すぐ取りに戻りましょう。
1 もちろん，やっていいよ。
2 ありがとう。あなたもね。
3 ごめんなさい。

解説　傘をレストランに置いてきてしまった男の子。Let's go back and get it right now. の it は男の子の傘のことで，right now は「今すぐ」という意味。「取りに戻りましょう」と言う母親に対し，「ごめんなさい」と謝る **3** が適切。**2** の Same to you. は Have a nice weekend.「よい週末を」－ Same to you.「あなたもね」のように使われる。

No. 11　解答　**3**

☆：What do you want to eat, Fred?

★：Mmmm.　Both the beef and chicken look delicious.　How about you?

☆：I feel like having fish today.

★：That looks good, too.　I'll try the chicken.

Question: What will they do next?

☆：何を食べたい，フレッド？

★：そうだなぁ。ビーフとチキンのどちらもおいしそうだ。君は？

☆：私は今日は魚を食べたい気分よ。

★：それもよさそうだね。ぼくはチキンにしてみるよ。

質問：彼らは次に何をするか。

1 魚をつかまえる。

2 食事を作る。

3 食べ物を注文する。

4 夕食の支払いをする。

解説　最初に女性が「何を食べたい？」と尋ね，そのあと 2 人は beef，chicken，fish などの料理について話している。レストランで何を注文するかを話している場面と判断できるので，**3** が正解。

No. 12　解答　**3**

★：It's finally the weekend!

☆：Yay!　I can't wait to go to Green Lake this Sunday.

★：Me, too.　What should I bring?　Lunch and some drinks?

☆：Yes, and I'll bring a blanket so we can sit down and eat.

Question: What will they do on Sunday?

★：やっと週末だ！

☆：やったね！　今度の日曜日にグリーン・レイクへ行くのが待ち切れないわ。

★：ぼくもだよ。何を持っていけばいい？　昼食と飲み物？

☆：ええ，私は 2 人で座って食べられるように敷物を持っていくわ。

質問：彼らは日曜日に何をするか。

1 湖へ泳ぎに行く。

2 スポーツ観戦に行く。

3 屋外で昼食を食べる。

4 女性の家でパーティーを開く。

解説　女性の最初の発言から，2 人は日曜日にグリーン・レイクに行く予定であることをつかもう。そのあとに持っていくものとして lunch「昼食，お弁当」と言っている。また，女性の I'll bring a blanket so we can sit down and eat から，屋外で昼食を食べようとしていることがわかるので，**3** が適切。

No. 13　解答　**4**

☆：Excuse me.　I missed the train.　When will the next train arrive?

★：In fifteen minutes.

☆：That means at 12:30?

★：That's right.　You can wait in the waiting room over there.

Question: When will the next train arrive?

☆：すみません。列車に乗りそびれました。次の列車はいつ到着しますか。

★：15 分後です。

☆：12 時 30 分ということですね？

★：そうです。あちらの待合室で待つことができますよ。

質問：次の列車はいつ到着するか。

1 10 分後。

2 20 分後。

3 12 時 15 分に。

4 12 時 30 分に。

解説　駅での駅員との対話。女性が「次の列車はいつ到着しますか」と尋ねると，男性は In fifteen minutes. と答えている。続くやり取りから「15 分後」は 12:30（twelve thirty）のことなので **4** が正解。in ～ minutes「～分後に」や時刻の読み方を確認しておこう。

No. 14 解答 1

☆：Hiroki, can you help me?

★：Sure. Oh, this box is very heavy. What's in it?

☆：Some dishes and teacups. Can you put it on the table?

★：No problem. I'll put it next to the books.

Question: What is Hiroki carrying now?

☆：ヒロキ，手伝ってくれない？

★：いいよ。ああ，この箱はとても重いね。何が入っているの？

☆：お皿が数枚とカップが数個よ。それをテーブルの上に置いてくれる？

★：いいよ。本の隣に置くね。

質問：ヒロキは今，何を運んでいるか。

1 箱を1つ。

2 テーブルを1つ。

3 数冊の本。

4 紅茶。

解説 女性を手伝っている男性（＝ヒロキ）は，Oh, this box is very heavy. と言っている。つまり箱を運んでいると考えられるので，**1** が正解。Can you put it on the table? と I'll put it next to the books. の it は箱を指す。

No. 15 解答 2

★：We have ten minutes before the movie starts. Do you want something to drink?

☆：Yes, a large cola, please.

★：OK, I'll go and buy it. Our seats are M12 and 13. Why don't you go ahead?

☆：Sure.

Question: Where are they talking now?

★：映画が始まるまで10分あるよ。何か飲み物はいる？

☆：ええ，大きいサイズのコーラをお願い。

★：わかった，買ってくるね。ぼくたちの席はMの12番と13番だ。先に行っててくれる？

☆：わかった。

質問：彼らは今，どこで話しているか。

1 レストランで。

2 映画館で。

3 スーパーマーケットで。

4 図書館で。

解説 映画の開始前に男性は女性にほしい飲み物を聞いて，買いに行こうとしている場面だと推測できる。そのあとの Our seats are M12 and 13. から，座席が決まっていることもわかり，これらの状況から場所は **2** の「映画館」が適切。

No. 16 解答 4

☆：Hi, Ken. I went to the pool yesterday.

★：Did you go there by bus?

☆：No. My mom drove me there.

★：That's nice. I usually go there by bike.

Question: How did the girl go to the pool yesterday?

☆：こんにちは，ケン。昨日，プールに行ったのよ。

★：そこにはバスで行ったの？

☆：いいえ。お母さんが車で送ってくれたの。

★：それはいいね。ぼくはいつも自転車でそこへ行くよ。

質問：女の子は昨日，どうやってプールに行ったか。

1 バスで。

2 自転車で。

3 列車で。

4 車で。

解説 How ～ ? の質問で，女の子のプールへの移動手段が問われている。My mom drove me there. の drove は drive の過去形で，ここでの drive は「～を車で送る」という意味。これを By car. と表した **4** が正解。ほかに，同じ意味で give me a ride などの表現も押さえておきたい。

No. 17 解答 3

★：Yukiko, you're tall. You should play basketball.

☆：Everyone says that. But I'm going to join the tennis club.

★：Have you played tennis before?

☆：No. But my brother is in it.

Question: Why did Yukiko decide to join the tennis club?

★：ユキコ，君は背が高いね。バスケットボールをすべきだよ。

☆：みんなそう言うわ。でも私はテニス部に入るつもりよ。

★：以前にテニスをしたことがあるの？

☆：ないわ。でも兄［弟］がそのクラブに入ってい

るの。

質問：ユキコはなぜテニス部に入ることにしたか。
1 彼女はとても背が高い。
2 彼女はバスケットボールが好きではない。
3 彼女の兄 [弟] がそのクラブに入っている。
4 彼女は以前にテニスをしたことがある。

解説　ユキコは最初の発言で I'm going to join the tennis club「私はテニス部に入るつもり」と言っており，その理由は次の発言の my brother is in it にある。この it はテニス部のことなので，**3** が正解。

No. 18　解答 **2**

☆：Did you do well on the math test, Bob?
★：Don't ask, Amy. But I did well on my English test.
☆：Really? I'm worried about the next science test.
★：Science? Me, too.
Question: What test did Bob do well on?

☆：数学のテストはよくできた，ボブ？
★：聞かないでくれよ，エイミー。でも英語のテストはよくできたよ。
☆：本当？　私は次の理科のテストが心配だわ。
★：理科？　ぼくもだよ。
質問：ボブは何のテストがよくできたか。
1 数学のテスト。
2 英語のテスト。
3 歴史のテスト。
4 理科のテスト。

解説　2 人はテストの話をしている。ボブは数学のテストについては「聞かないでくれ」と言ってあまりできなかったようだが，But I did well on my English test. から，英語のテストはよくできたことがわかる。よって，**2** が正解。But が聞こえたらそのあとの内容に集中しよう。

No. 19　解答 **3**

☆：There are only three doughnuts left.
★：Really? We invited fifteen guests, and we had twenty doughnuts. That's strange ....
☆：Oh, I know. Paul suddenly brought two more people.
★：That's right!
Question: What are they talking about?

☆：ドーナツが 3 個しか残っていないわ。
★：本当？　ぼくたちはお客を 15 人招待して，ドーナツは 20 個あったよ。それは変だな…。
☆：あ，わかった。ポールが急にあと 2 人連れてきたのよ。
★：そうだった！
質問：彼らは何について話しているか。
1 ドーナツの味。
2 ドーナツの作り方。
3 招待客の数。
4 新しいドーナツ店。

解説　対話の話題を問う問題は対話全体から判断する必要がある。まず女性がドーナツの残りの数を言うが，そのあと，招待した客の人数と追加の人数に話が発展する。よって，**3** が正解。the number of ～は「～の数」，guest は「(招待) 客」という意味。

No. 20　解答 **4**

★：Do you practice the piano every day, Kyoko?
☆：No, I want to, but I can't.
★：I see. What days do you practice?
☆：Only Tuesdays, Thursdays, and Saturdays.
Question: How often does Kyoko practice the piano?

★：毎日ピアノを練習するの，キョウコ？
☆：いいえ，したいのだけど，できないわ。
★：そうなんだ。何曜日に練習するの？
☆：火曜日と木曜日と土曜日だけよ。
質問：キョウコはどのくらいの頻度でピアノを練習するか。
1 毎日。
2 週に 1 回。
3 週に 2 回。
4 週に 3 回。

解説　How often ～？は頻度を尋ねる表現。ピアノを練習する曜日を聞かれて，キョウコは Only Tuesdays, Thursdays, and Saturdays. と答えている。「火曜日と木曜日と土曜日」を「週に 3 回」と表した **4** が正解。曜日を尋ねる What day(s) ～？も確認しておこう。

No. 21　解答　3

Robert likes watching movies. Last Sunday, he enjoyed a comedy movie with some friends at the movie theater. Tonight, he will watch an action movie at home.

Question: What kind of movie did Robert watch last Sunday?

ロバートは映画を見るのが好きだ。先週の日曜日，彼は友達といっしょに映画館でコメディー映画を楽しんだ。今夜，彼は自宅でアクション映画を見るつもりだ。

質問：ロバートは先週の日曜日に何の種類の映画を見たか。

1 アクション映画。
2 アドベンチャー映画。
3 コメディー映画。
4 ホラー映画。

解説 「いつ」「どこで」「何をした」を意識しながら聞く。1 回目の放送で質問が「先週の日曜日に見た映画の種類について」とわかれば，2 回目の放送で過去形と Sunday に焦点を絞って聞こう。Last Sunday, he enjoyed a comedy movie から，**3** が正解。**1** の「アクション映画」は今夜見る予定の映画なので不適切。

No. 22　解答　2

Yesterday evening, my mother and I went to a concert. After the concert, I wanted to eat Chinese food, but we had a discount ticket for a sushi restaurant, so we ate sushi. We had a good time.

Question: Why did the girl and her mother go to a sushi restaurant?

昨日の晩，母と私はコンサートに行った。コンサートのあと，私は中華料理を食べたかったが，私たちは寿司屋の割引券を持っていたので，寿司を食べた。私たちは楽しい時を過ごした。

質問：なぜ女の子と母親は寿司屋に行ったか。

1 コンサートホールのそばにあった。
2 彼女らは割引券を持っていた。
3 彼女らは寿司を食べたかった。
4 中華料理店が閉まっていた。

解説 we had a discount ticket for a sushi restaurant, so we ate sushi に手がかりがある。〈..., so ～〉は〈理由＋so＋結果〉の関係で，so の前に女の子と母親が寿司屋に行った理由がある。よって，**2** が正解。

No. 23　解答　1

Michael is a university student. He wants to work at a bank. He will have a job interview early next year. He will get advice from a friend working at a bank before the interview.

Question: What will Michael do before his job interview?

マイケルは大学生だ。彼は銀行で働きたいと思っている。彼は来年早々に就職面接がある。彼は面接の前に銀行で働いている友達から助言をもらうつもりだ。

質問：マイケルは就職面接の前に何をするか。

1 友達から助言をもらう。
2 複数の銀行に行く。
3 大学を卒業する。
4 銀行で働く。

解説 質問の before と interview を含む <u>He will get advice from a friend</u> working at a bank before the interview. から，マイケルが面接の前にすることとして，**1** が正解。

No. 24　解答　1

Today, I left home earlier than the other members of my family and forgot to bring my key. So, I couldn't enter the house when I got back. I had to wait until my sister came home.

Question: What was the boy's problem?

今日，ぼくは家族のほかのだれよりも早く家を出て，鍵を持って出るのを忘れた。だから，戻ったときに家に入ることができなかった。姉［妹］が帰ってくるまで待たなければならなかった。

質問：男の子の問題は何だったか。

1 彼は鍵を持っていなかった。
2 彼は早く家に帰れなかった。
3 彼の姉［妹］が彼を待っていた。
4 彼の姉［妹］が鍵をなくした。

解説 問題点を問う問題では，ネガティブな表現を中心に流れをつかむ。ここでは <u>forgot</u> to bring my key, I couldn't enter the house, I had to wait になる。「鍵を持って出るのを忘れて家に入れなかった」という話なので，**1** が正解。

No. 25 解答 **4**

Kenji has studied Chinese for two years. He wants to talk with Chinese people. Tomorrow, he will finally get the chance because an exchange student from China will come to his school. He is very excited.
Question: Why is Kenji excited?

ケンジは 2 年間中国語を勉強している。彼は中国の人たちと話をしたいと思っている。明日，彼についにそのチャンスがやってくる。なぜなら，中国からの交換留学生が彼の学校に来るからだ。彼はとてもわくわくしている。
質問：ケンジはなぜわくわくしているか。
1 彼は中国に行くことができる。
2 彼は中国で勉強することができる。
3 彼は交換留学生になることができる。
4 彼は中国人の学生と話すことができる。

解説　ケンジがわくわくしている様子は最後の He is very excited. にあり，理由はその前で説明されている。he will finally get the chance「彼についにそのチャンスがやってくる」の the chance はその前の内容から，「中国の人たちと話すこと」である。よって，**4** が正解。放送文の exchange student や China などを含む選択肢に惑わされないように注意。

No. 26 解答 **3**

Emily wants to be an astronaut in the future. So she studies very hard every day and reads many books about planets and stars. She also goes running every day to get stronger.
Question: What is Emily's dream?

エミリーは将来，宇宙飛行士になりたいと思っている。それで，彼女は毎日一生懸命勉強し，惑星や星に関する本をたくさん読んでいる。彼女はまた，身体がもっと丈夫になるよう，毎日ランニングをしている。
質問：エミリーの夢は何か。
1 たくさんの星を見ること。
2 たくさんの本を読むこと。
3 宇宙飛行士になること。
4 毎日勉強すること。

解説　エミリーの夢は，冒頭の Emily wants to be an astronaut in the future. から，**3** が正解。**2** と **4** は今やっていることで，夢ではないので注意。

No. 27 解答 **3**

Today is my daughter's birthday. My son said he would get a cake for her. He likes strawberry cake, but I asked him to buy a chocolate cake because chocolate is my daughter's favorite.
Question: What did the woman ask her son to do?

今日は娘の誕生日である。息子が彼女にケーキを買うと言った。彼はイチゴのケーキが好きだが，チョコレートが娘のお気に入りなので，私は彼にチョコレートケーキを買うように頼んだ。
質問：女性は息子に何をするように頼んだか。
1 イチゴのケーキを作る。
2 イチゴのケーキを買う。
3 チョコレートケーキを買う。
4 チョコレートケーキを焼く。

解説　質問の〈ask＋人＋to＋動詞の原形〉は「（人）に〜するように頼む」という意味。同じ表現が I asked him to buy a chocolate cake にあり，him は女性の息子のことなので，**3** が正解。

No. 28 解答 **3**

Last summer, I stayed at my uncle's house in San Francisco for five days. First, he took me to the Golden Gate Bridge. On the last day, we had dinner at a famous Japanese restaurant.
Question: What did the boy do last summer?

昨年の夏，ぼくはサンフランシスコのおじの家に 5 日間滞在した。最初，彼はぼくをゴールデンゲートブリッジに連れていってくれた。最終日，ぼくたちは有名な日本食レストランで夕食を食べた。
質問：男の子は昨年の夏，何をしたか。
1 彼は友達の家に滞在した。
2 彼はおじをサンフランシスコに連れていった。
3 彼はゴールデンゲートブリッジに行った。
4 彼は日本食レストランで働いた。

解説　男の子が昨年の夏のことを話している。その中で，he took me to the Golden Gate Bridge

の部分と **3** が一致する。〈take＋人＋to＋場所〉で「(人)を(場所)に連れていく」という意味。**4** は，放送文の Japanese restaurant に惑わされないように注意しよう。

No. 29 解答 **2**

Hiromi usually practices the piano for one and a half hours every day with her mother. Yesterday, her mother came home thirty minutes later than usual. So Hiromi practiced for just one hour.

Question: How many hours did Hiromi practice the piano yesterday?

ヒロミはふだん，母親といっしょに毎日1時間半ピアノを練習する。昨日，母親はいつもより30分遅く帰宅した。だから，ヒロミは1時間だけ練習した。

質問：ヒロミは昨日，何時間ピアノを練習したか。
1 30分。
2 1時間。
3 1時間半。
4 2時間。

解説 昨日については Yesterday, ... のあとをよく聞く。Hiromi practiced for just one hour から，**2** が正解。**3** の「1時間半」はふだんの練習時間。「ふだんは〜だが，今回は…」という展開はよくあるので意識して聞こう。

No. 30 解答 **1**

Attention, passengers. Thank you for traveling with us. We will be arriving at the airport in twenty minutes. Please fasten your seat belt for a safe landing. Thank you for your cooperation.

Question: Where is the woman talking now?

乗客のみなさまにお知らせします。当機をご利用いただきありがとうございます。あと20分で空港に到着します。安全な着陸のためにシートベルトをお締めください。ご協力ありがとうございます。

質問：女性は今，どこで話しているか。
1 飛行機の中で。
2 列車の中で。
3 バス乗り場で。
4 空港で。

解説 アナウンスの問題。冒頭の passenger(s) は「(乗り物の)乗客」という意味で，乗客へのアナウンスである。そのあとの airport，fasten your seat belt，a safe landing などの情報から，飛行機内の放送と判断できるので，**1** が正解。Attention, passengers.，arriving at 〜，fasten *one's* seat belt，Thank you for your cooperation. は機内アナウンスの定型表現として覚えておこう。

＊ MEMO ＊

* MEMO *

中学生のための

文部科学省後援

英検®3級

合格レッスン

[改訂版]

解答と解説

Obunsha